〈제2판〉

영유아발달

〈제2판〉

영유아발달

김경의 박유미 임양금 안진경

KNOWLEDGE COMMUNITY 공동체

머리말

영유아기는 인간발달의 결정적 시기로 전 생애를 통해 발달이 가장 왕성하게 이루어지는 중요한 시기이다. 이 시기에 영유아를 대상으로 교육을 담당하게 될 교사가 영유아발달에 대한 이론적 기반을 형성하는 것은 필수적이라고 할 수 있다. 영유아교사는 영유아발달에 대한 이론적 이해를 기초로 영유아교육현장에서의 영유아의 행동 및 특성을 이해하고 이를 통해 영유아의 전인적 발달을 도울 수 있다. 따라서 이 교재는 영유아를 대상으로 하는 유치원과 어린이집 교사가 될 학생들이 영유아발달에 대한 이해를 명확히 할 수 있도록 내용을 구성하는 것에 중점을 두었다. 영유아를 교육하고 보육하는 유치원과 어린이집의 현직교사들과 부모들에게도 좋은 참고 자료가 될 수 있기를 바란다.

영유아발달에 대한 이론을 가능한 한 이해하기 쉽도록 기본 개념 이해를 돕기 위한 그림이나 사진 등을 많이 삽입하려고 하였다. 이 과정에서 우리 아이들의 출생에서부터 커 가는 모습의 사진을 다시 보고 정리하는 시간을 갖게 되었고, 아이들의 성장과 발달의 경이로움과 함께 감동을 다시 한 번 느끼게 되었다.

이 책에서는 영유아발달을 이해하기 위한 기초적인 내용과 영유아발달을 설명하는 주요 이론을 알아보고 신체 · 운동, 인지, 언어, 사회 · 정서 발달 등 각 발달영역의 특징과 주요 개념들을 영아와 유아로 구분하여 알아보았다. 제1장에서는 영유아발달을 이해하기 위한 기초적인 내용으로 발달의 개념, 발달의 원리를, 제2장에서는 영유아발달 이론을 중심으로 성숙이론,

머리말

정신분석이론, 행동주의 이론, 인지발달이론, 동물행동학적 이론, 생태학적 이론을 살펴보았다. 제3장에서는 태내발달 및 출산으로 태내발달의 단계, 태내환경과 영향요인, 출산, 신생아에 대한 내용을, 제4장과 제5장에서는 영아기와 유아기의 신체 · 운동 발달, 인지발달, 언어발달, 사회 · 정서 발달과 같은 영유아기의 전반적 발달에 대해 살펴보았다. 제6장에서는 영유아발달과 생태환경으로 가정환경, 유아교육기관, 미디어에 대한 이해와 영향을 파악하는 내용으로 구성하였다.

이 책이 출간되기까지 관심을 가져주고 격려해 준 많은 분들, 특히 출간을 허락해 주시고 편집을 맡아 수고해 주신 공동체 가족 여러분께 진심으로 감사드린다. 아울러 바쁜 일정 속에서도 서로를 격려하고 작업을 진행하면서 행복감을 느꼈던 우리 스스로와 항상 든든한 후원자인 가족들, 특히 마음속에 떠올리는 것만으로도 힘이 되는 사랑하는 우리 아이들 재영, 현균, 양균, 민준, 주한, 주아에게 깊은 고마움과 사랑의 마음을 전한다.

2025년 2월

저자 일동

차례

차례

Chapter 01

영유아발달 이해의 기초

1. 발달의 개념
2. 발달의 원리

Chapter 01

영유아발달 이해의 기초

1. 발달의 개념

발달(development)은 생명이 시작하는 수정부터 사망에 이르기까지 전 생애에 걸쳐 일어나는 체계적인 연속성과 변화를 의미한다. 체계적인 변화란 정해진 순서와 특정한 양상이 있으며 지속적으로 나타난다는 것을 의미한다.

발달과 관련된 개념으로는 성장(growth), 성숙(maturation) 그리고 학습(learning)이 있다. 성장이란 신체적인 면에서의 양적 증대나 변화로서, 경험이나 환경적 조건의 영향을 비교적 적게 받는다. 즉, 생득적 요인에 의해 일정한 시기가 되면 신장이나 체중이 증가하는 등의 변화를 의미한다. 성숙은 부모로부터 받은 유전적 요인에 의해 미리 짜여진 프로그램상의 순서에 따른 신체적 · 심리적 변화로, 발달적 변화의 시기와 과정들이 시간의 흐름에 따라 자연스럽게 나타난다. 영아의 보행, 영구치의 돌출, 사춘기의 도래, 이차적 성징의 출현처럼 환경의 영향을 받지 않아도 성장을 기초로 나타나는 질적 변화를 의미한다. 그리고 학습은 경험이나 연습, 훈련 등 직접적 혹은 간접적 경험의 결과로 획득하는 행동의 발달적 변화를 의미한다. 그러므로 발달은 유전적 요인과 환경적 요인에 영향을 받으며 일생을 통하여 성장, 성숙 및 학습에 의해 이루어지는 양적, 질적인 변화과정이라고 할 수 있다(정옥분, 2004).

2. 발달의 원리

인간의 발달은 다양한 양상을 보이지만, 모든 영유아에게 보편적으로 나타나는 몇 가지 기본 원리가 있다. 이를 요약하면 다음과 같다.

1) 발달에는 일정한 순서와 방향이 있다

(1) 두미(cephalocaudal) 발달의 원칙

발달은 머리에서 발끝 방향으로 진행된다. 예를 들면, 신생아는 목을 잘 가누지 못하지만 점차 시간이 지나면 목, 허리, 다리의 조절능력이 발달하면서 앉고, 서고, 걷게 된다.

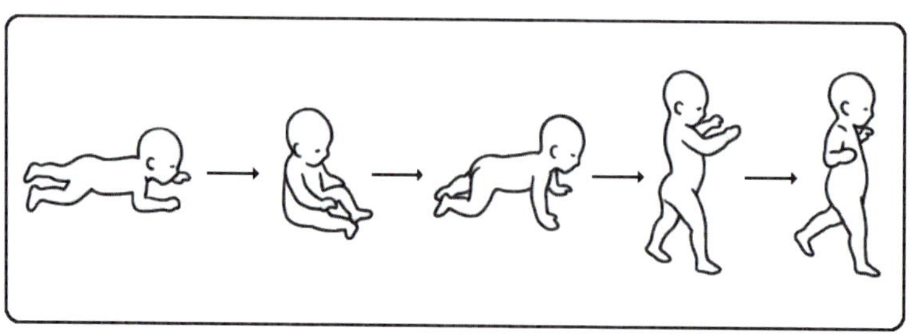

| 그림 1-1 | 발달의 순서

(2) 근원(proximodistal) 발달의 원칙

발달은 몸의 중심에서 바깥쪽으로 진행된다. 예를 들면, 몸의 중심에서 가까운 가슴, 어깨 전반을 사용하는 능력이 먼저 발달하고, 그 후에 팔과 손, 다리와 발, 그리고 마지막으로 손가락과 발가락을 사용하는 능력이 발달한다.

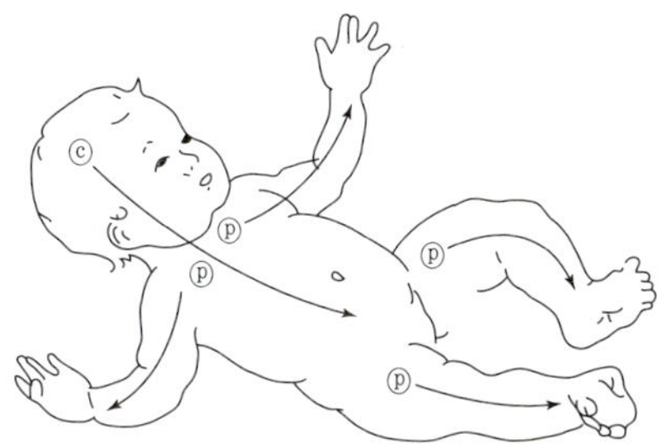

|그림 1–2| 발달의 방향

(3) 세분화(general to specific) 발달의 원칙

발달은 몸 전체를 사용하는 것에서 점차 분화되고 정밀한 행동으로 발달한다. 예를 들면, 바닥에 떨어진 작은 물건이나 단추를 집기 위해 손 전체를 이용하다가 손가락 사용이 정교해지면서 엄지손가락과 집게손가락만을 사용해 집을 수 있게 된다.

2) 발달은 계속적인 과정이지만 속도는 일정하지 않다

발달은 일생 동안 계속적으로 나타나지만, 그 속도는 시기와 부분에 따라 다르게 나타난다. 즉, 신체발달이 급속도로 이루어지는 시기가 있는가 하면, 심리적 발달이 급속도로 이루어지는 시기가 있다. 예를 들면, 두뇌발달은 영아기에 급격한 발달을 나타내고, 생식기관의 발달은 유아기에는 느리지만 사춘기에 급속도로 발달한다. 이처럼 발달영역에 따라 발달해 가는 모습이 다른데, 신체 부위에 따라 성장 시기와 성장 속도가 다른 현상을 비동시적 성장(asynchronous growth)이라고 한다.

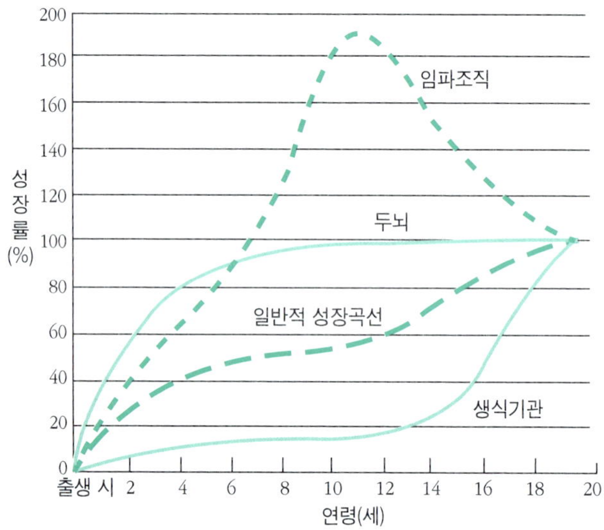

|그림 1-3| 성장곡선의 비교

출처 : Berk(1999), 조성연 외(2009) 아동발달의 이해 재인용.

3) 발달에는 개인차가 있다

모든 영유아는 보편적인 발달 순서에 따라 발달하지만, 발달 속도와 양상은 개인적인 차이가 있다. 이와 같은 개인차는 성별, 유전인자, 양육환경 등과 같은 여러 가지 요인에 의해 일어난다. 예를 들면, 신장이나 체중, 운동기능과 지각능력, 말하는 시기에도 차이가 있다. 이러한 차이는 일란성 쌍생아 간에도 나타난다.

4) 발달은 결정적 시기가 있다

결정적 시기(critical period)는 발달이 가장 용이하게 이루어지는 최적의 시기를 의미한다(장휘숙, 1995). 최적기 동안 영유아는 다른 시기보다 긍정적 · 부정적인 환경의 영향을 많이 받는다. 이 시기에 발달의 경험이 부족하거나 그 시기를 놓치게 되면 이후의 발달에 치명적이거나 지속적인 영향을 미치게 된다. 예를 들어, 영아가 어머니(또는 주 양육자)와의 사이에서 적절한 애착을 형성하지 못했을 경우 신뢰감과 같은 특정한 사회적 행동이 발달되지 못하여 심하면 성인이 되어서도 원만한 대인관계를 형성하지 못하고 사회적으로 적응해 나가는 데 곤란을 겪게 된다(심성경 외, 2010).

5) 발달은 분화와 통합의 과정이다

영유아의 운동발달 과정을 보면 처음에는 미분화되어 미숙한 모습, 둔한 모습을 보이다가 보다 특수적이고 부분적인 반응으로 분화되며, 이것은 다시 전체적인 연관성을 가지면서 복잡한 형태로 통합되어 나간다. 예를 들면, 영아는 어느 정도 양손의 사용에 익숙해진 다음 두 손의 협응이 가능해지고, 그 이후에 점차 우세 손이 나타나 왼손 또는 오른손을 주로 사용하게 된다. 또한 영아가 컵이라는 물건을 집어 들기 위해서는 먼저 바라볼 수 있도록 시각이 발달해야 하며, 그런 다음 소근육 운동기술이 발달하고 눈과 손의 협응이 이루어지면서 컵이라는 것을 인식할 수 있는 인지발달이 통합적으로 이루어져야 한다. 이렇듯 발달은 신체 · 인지 · 정서 · 언어 및 사회 발달의 모든 영역이 상호 연관되어 통합적으로 이루어진다. 즉, 발달의 각 영역은 분화되어 발달하며, 동시에 상호 관련하여 통합되어 이루어진다.

※ 다음 문제를 읽고 맞으면 ○, 틀리면 ×로 답하시오.

1. ( ) 발달은 학습에 의해 이루어지는 질적 변화과정만을 의미한다.
2. ( ) 발달은 머리 부분에서 발끝으로 진행된다.
3. ( ) 발달은 손가락과 발가락에서부터 몸의 중심으로 진행된다.
4. ( ) 발달은 일생 동안 계속적으로 나타나지만, 그 속도는 일정하지 않다.
5. ( ) 발달에는 개인차가 있고 결정적 시기가 있다.

Chapter 02

영유아발달 이론

1. 성숙이론
2. 정신분석이론
3. 행동주의 이론
4. 인지발달이론
5. 동물행동학적 이론
6. 생태학적 이론

Chapter 02

영유아발달 이론

영유아발달 이론은 영유아의 발달에 대해 설명하지만, 영유아발달의 모든 측면을 설명할 수는 없다. 각각의 이론들은 영유아발달에 있어 다른 종류의 발달과정을 강조하고, 발달과 관련된 문제에서 서로 다른 입장을 취한다. 영유아발달이라는 복잡하고 다양한 현상을 총체적으로 설명하기 위해서는 서로 상반되거나 상호보완적인 다양한 이론을 통해 보다 깊이 이해해야 할 것이다.

이 장에서는 성숙이론, 정신분석이론, 행동주의 이론, 인지발달이론, 동물행동학적 이론, 생태학적 이론에 대해 살펴보고자 한다.

1. 성숙이론

성숙이론에 따르면 인간은 태어날 때 이미 예정된 발달적 프로그램에 따라 성장하며, 이후 물려받은 특성이 순서대로 발달하는 것이다. 즉, 발달은 유기체 내부에서 자연스럽게 이루어지기 때문에 발달의 내적인 힘인 성숙요인을 강조하며, 환경은 행동을 변화시키는 2차적인 역할을 할 뿐이다.

대표적인 학자는 루소(Rousseau)의 자연주의의 영향을 받은 아놀드 게젤(Arnold Gesell)이 있다. 이들은 영유아발달에 있어 학습보다는 성숙을 더 우위에 두고 있어 발달 속도에 맞는 아동중심의 양육환경을 제공하도록 한다. 영유아에게 무엇을 가르치기 위해서는 영유아가 성숙될 때까지 기다려야 한다는 학습준비도 개념을 주장한다.

성숙이론을 대표하는 게젤의 성숙이론(maturation theory)을 살펴보겠다.

1) 게젤의 성숙이론

게젤(1880~1961)

게젤(Arnold Lucius Gesell, 1880~1961)은 미국 위스콘신 주에서 태어나 평생 체계적이며 지속적인 관찰법을 통해 아동발달을 연구하였다. 클라크 대학에서 스탠리 홀(G. Stanley Hall)의 지도하에 심리학 박사학위 취득 후 자신이 재직하고 있던 예일 대학 아동발달 연구소에서 영유아의 운동행동, 적응행동, 언어행동, 사회적 행동 등을 관찰하고 측정하였다. 그 결과 '행동규준(behavior norms)'을 제시했다.

게젤의 연구방법의 핵심은 행동적 면접법이다. 작은 종이나 나무토막, 사탕 같은 소도구를 직접 영아에게 제시하여 영아의 호기심과 물리적 환경에 대한 탐색 본성을 자극해서 영아의 반응을 과학적으로 관찰하는 것이다. 그는 활동사진을 이용하여 발달을 연구하는 새로운 연구법을 개발하였고, 이 연구법을 활용하여 만든 발달표준치는 덴버발달검사와 베일리 영아발달척도와 같은 영아발달검사의 밑바탕이 되었다.

(1) 성숙의 개념

게젤은 개인의 성장과 발달 속도가 이미 결정된 유전기제의 통제를 받는다는 개념을 성숙(maturation)이라고 명명하였다. 예를 들면, 모든 영아들은 앉게 된 후 설 수 있으며, 서고 난 후에 걸을 수 있게 된다. 즉, 발달은 환경이 아닌 타고난 유전적 요인에 의해 순서대로 이루어지며, 태내기 발달, 영아의 발달, 사춘기의 2차 성징은 대표적인 성숙의 개념으로 설명될 수 있다.

모든 유기체들은 성장하는 데 있어 이미 성장의 방향이 결정되어 있는 성장모형(growth matrix)을 가지고 있다. 이러한 성장모형은 이미 결정된 유전적 요소들로 이루어져 있어, 성장모형의 지시에 따라 정해진 순서대로 진행된다. 이때 환경적 요인은 유전과 성장모형을 일부 지지하거나 수정할 뿐이지, 발달을 이끌지는 못한다. 즉, 영유아의 성장과 발달에 있어 성숙과 환경 중 성숙이 훨씬 더 중요하다고 보았다.

영유아의 성숙은 정해진 순서의 발달 단계를 거치며, 모든 행동은 특정한 패턴을 이루며 발달해 간다. 예를 들어, 태아의 기관 중 심장이 가장 먼저 발달하고 세포들이 빠른 속도로 분화되어 두뇌와 척수 같은 중추신경계가 형성된다. 또한 출생 후 손의 조작운동의 경우 처음에는 손 전체로 잡아 정교하지 못하다가 점차 두 손가락으로 정교하게 잡을 수 있게 된다.

또한 준비도(readiness)는 행동에 필요한 신체적 신경학상의 발달이 완성되었음을 의미하는 개념이다. 이는 영아에게 무엇을 가르치기 위해서는 영아가 성숙될 때까지 기다려야 한다는 학습의 시기에 관한 것이다. 즉, 영유아의 성장패턴이 형성된 이후에 제공되는 환경이 영유아의 학습에 기여할 수 있다.

(2) 행동발달 원리

게젤은 인간발달을 다섯 가지 기본 원리로 설명하였다.

① 발달방향의 원리(principle of developmental direction)

발달은 머리에서 팔다리로, 또는 중심에서 말초로 일정한 방향으로 발달된다는 원리이다. 발달은 태내기나 출생 후에도 유전자 내에 있는 성숙의 기제로부터 특수한 방향과 순서로 진행되도록 지시받는다(Crain, 1980; Salkind, 1985). 따라서 기본적으로 계획된 유전적 기제에 의해 출생 후 머리 부분이 다리 부분보다 먼저 성숙되고, 어깨 동작은 손목과 손가락 동작보다 더 일찍 나타나게 된다.

② 상호적 교류의 원리(principle of reciprocal interweaving)

신체 부위를 사용할 때 우선순위가 반복적으로 바뀌면서 서로 상호작용하듯 주고받는 과정을 거쳐 효과적인 체제화가 이루어지는 발달의 원리이다. 예를 들어, 영아는 손을 사용하는 데 있어 처음에 한 손을 사용하다가 다음에는 두 손을 함께 사용하고 그런 후에 다시 한쪽 손을 선호하다가 또다시 양손을 함께 사용하는 식으로 우세 손이 분명해지기까지 이 과정을 계속하게 된다(Crain, 1980). 이러한 상호적 교류 원리는 영아의 근육, 감각이나 감정 발달과 성격 형성에서도 나타난다.

③ 기능적 비대칭의 원리(principle of functional asymmetry)

영유아의 신체기능이 완전 좌우대칭이 아니라 행동의 균형, 신속성 및 적응에 적절하도록 항상 우세한 기능을 발휘하는 쪽으로 발달하는 원리이다. 기능적 비대칭의 원리의 대표적인 예로 경직성 목 반사(tonic neck reflex)가 있다. 이 반사는 영아가 머리를 한쪽 방향으로 돌리면 머리가 돌아간 방향으로 한 팔을 내밀고 그쪽 다리는 쭉 펴며, 다른 쪽 팔과 다리는 구부러진 자세를 취한다. 이 비대칭적 행동은 영아가 매달려 있는 물체를 잡기 위해서 두 팔을 함께 사용하는 것과 같은 대칭적 발달보다 먼저 나타난다. 결국 더 나은 기능을 위해서는 완전 대칭을 벗어나야 하고, 양손 중 우세 손이 결정되는 것도 이러한 원리로 설명될 수 있다.

④ 자기규제의 원리(principle of self-regulatory fluctuation)

영유아가 자신의 능력 이상으로 새로운 것을 시도하지 않도록 영유아 내부에서 스스로 행동을 조절하는 원리이다. 게젤은 신생아 연구에서 부모가 수유와 수면 등의 생리적인 리듬을 영아의 요구에 따랐더니 영아 스스로 점차적으로 수유 시간을 줄이고, 자는 시간이 줄고 깨어 있는 시간이 길어지는 것을 발견하였다. 이러한 생득적 자기규제의 원리는 너무 많이 배우도록 강요받거나 위험한 자극으로부터 영유아 자신을 보호해 주는 역할을 한다.

⑤ 개별적 성숙의 원리(principle of individual maturation)

영유아의 성장 속도는 아동의 기질이나 성격상의 차이와 관계가 있으므로, 아동의 개별적인 차이를 느리게 자라는 아동, 빠르게 자라는 아동, 불규칙하게 자라는 아동 등의 유형으로 나누어 이해하는 원리이다. 게젤은 영유아 행동발달의 기본적 통제요인으로서 성숙기제가 제일 중요하다고 하였으며, 성숙기제는 훈련에 의해 쉽게 극복되는 정도의 기제는 아니라고 보았다.

2. 정신분석이론

정신분석이론은 한 개인의 내적 구조와 그 역동성에 관심을 둔다. 인간의 행동은 자신이 거의 의식하지 못하고 통제하기 힘든 내부의 힘, 갈등, 기억에 의해 유발된다고 믿는다. 따라서 영유아발달을 제대로 이해하기 위해서는 행동의 상징적인 의미를 분석해야 하고, 마음속에서 무슨 일이 일어나는지 이해해야 한다.

어린 시절에 뿌리를 둔 내적 힘은 일생 동안 지속적으로 행동에 영향을 주는데, 특히 부모와의 초기경험이 영유아발달에 지대한 영향을 미친다. 이에 정신분석학자들은 인간의 현재 모습을 이해하기 위해 어린 시절의 초기경험에 관심을 가졌다.

정신분석이론을 대표하는 프로이트(Freud)의 심리성적 이론(psychosexual theory)과 에릭슨(Erikson)의 심리사회적 이론(psychosocial theory)을 살펴보겠다.

1) 프로이트의 심리성적 이론

프로이트(1856~1939)

'정신분석학의 아버지'로 불리는 지그문트 프로이트(Sigmund Freud, 1856~1939)는 심리학과 정신의학에 지대한 영향을 주었을 뿐만 아니라 인간에 대한 개념을 극적으로 변화시킨 혁명적인 사상가이다. 프로이트는 오스트리아의 의과대학에서 신경의학(neurology)을 공부하였는데, 처음에는 환자들이 최면(hypnosis)을 통해 무의식으로 억압된 감정을 드러내도록 하였으나, 이후 환자들의 마음속에 떠오르는 생각을 자유롭게 이야기함으로써 무의식 속의 사고와 감정에 도달하게 하는 자유연상법(free association)을 개발하였다. 이 치료법이 바로 '정신분석'이다.

프로이트는 인간의 정신활동은 과거의 행동이나 사건에 의해 결정된다고 보는 결정론적 인간관을 제시하고, 인간행동은 의식적 과정보다 의식할 수 없는 무의식에 의해 그 동기가 유발된다고 보았다. 또한 본능적인 성적 에너지인 리비도(libido)가 행동과 사고의 동기가 된다고 하였다.

(1) 성격의 지형학적 모형(Topographical Map)

프로이트의 정신분석이론은 무의식의 힘이 행동과 성격을 결정한다고 주장한다. 성격의 지형이 의식(conscious), 무의식(unconscious), 전의식(preconscious)으로 이루어진 것으로 보았으며, 이 세 영역 중 무의식을 강조하였다.

프로이트는 성격을 빙산에 비유하여 설명하였는데, 의식은 수면 위에 떠 있는 빙산의 작은 부분이고, 무의식은 수면 속에 잠겨 있는 부분이며, 전의식은 수면의 움직임에 의해 표면으로 나타나기도 하고, 잠기기도 하는 부분이다.

우리의 의식 세계는 주의를 집중하면 알아차리게 되는 의식, 우리가 전혀 알아차리지 못하는 무의식과 노력을 하면 알 수도 있는 전의식의 수준이 있다. 우리의 일상적인 행동의 상당 부분은 무의식에서 기인된 것이며, 무의식에는 우리가 알아차리지 못하는 유아적 소망, 욕망, 갈망, 억압된 기억들이 숨겨져 있다.

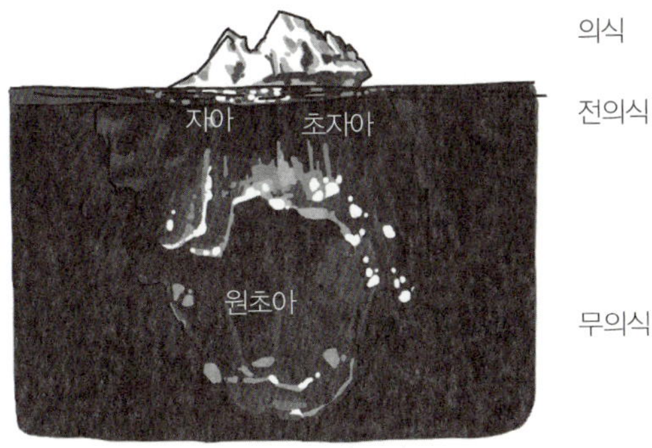

|그림 2-1| 프로이트의 성격구조

(2) 성격의 구조(Structural Model)

프로이트는 성격이 원초아(id), 자아(ego), 그리고 초자아(superego)로 구성되어 있다고 본다.

① 원초아

원초아는 성격의 가장 원초적인 부분으로 타고난 생물학적 구성요소이다. 즉, 먹고 배설하고 고통을 피하고 성적 쾌감을 얻으려는 욕구와 공격적이고 파괴적인 본능을 말한다. 원초아는 충동이 생길 때 즉각적으로 만족을 얻고자 하며, 외부 상황에 상관없이 고통을 피하고 긴장을 감소시켜 쾌락을 얻으려는 쾌락원리(pleasure principle)에 따라 작용한다. 원초아는 현실 상황을 고려하지 못하고 전적으로 무의식 세계에 존재하기 때문에 매우 충동적이고, 비합리적이며, 자기중심적이고, 자애적인 특징이 있다.

② 자아

자아는 유아가 현실의 요구를 고려하는 것을 배우게 됨에 따라 발달한다. 의식과 현실수준에 놓여 있는 심리적 구성요소로 원초아의 본능적 요구와 현실세계, 그리고 초자아의 요구들 사이를 절충하는 중재자이다. 자아는 자신의 충동이 항상 즉각적으로 충족될 수 없다는 것을 알고 적절한 환경조건이 발견될 때까지 기다릴 줄 아는 현실원리(reality principle)에 따라 작용한다. 자아는 어떤 행동이 적절하고 원초아의 어느 충동이 어떤 방식으로 충족되어야 하는지를 결정짓는 성격의 집행자 역할을 하기 때문에 현실적이고 합리적인 사고를 하며 이성적인 특징이 있다.

③ 초자아

초자아는 유아가 부모의 사회적 가치와 이상을 동일시함으로써 발달한다. 사회적인 구성요소로 부모와 다른 사람들이 유아에게 가르쳐 준 사회의 가치와 도덕적 가치, 문화적 규범을 얻게 되는 과정에서 내면화된 표상이다. 본능의 충동을 억제하고 자아가 현실적인 목표 대신에 이상적인 목표를 가지고 완전을 위해 정진하게 한다.

초자아는 외부 세계의 대변자로서 사회적 원리(social principle)에 따라 양심과 자아이상을 추구하게 한다. 초자아는 어떤 행동이 옳은지 그른지를 판단하는 성격의 도덕적 측면으로서 사법부 역할을 하기 때문에 쾌락보다는 완전을 중시하며 현실보다는 이상을 중요시하는 특징이 있다.

(3) 심리성적 발달 단계

프로이트(1933)는 인간발달의 단계를 구강기, 항문기, 남근기, 잠복기, 생식기의 5단계로 구분한다.

① 구강기(oral stage)

생후 1년 혹은 18개월까지에 해당되는 구강기에는 입과 구강 부위가 쾌락의 주된 원천이 된다. 빨고, 마시고, 먹는 것뿐만 아니라 손가락이나 물건을 입에 넣어서 빠는 구강활동을 통해 쾌락을 얻는다. 이 시기 영아가 모든 사물을 입으로 가져가서 탐색하는 것은 구강에 리비도가 몰려 있기 때문이다.

영유아는 각 단계마다 추구하는 쾌락을 만족시켜야 다음 단계로 넘어갈 수 있다. 구강기 동안의 욕구가 충족되지 못하거나 지나치게 되면 구강기 고착(fixation)적 성격이 된다. 이는 성인이 되어도 과식, 과음, 껌 씹기, 손톱 물어뜯기, 줄담배 피우기, 침 뱉기, 수다, 욕설 등으로 나타날 수 있다. 또한 오랫동안 만족스럽게 젖을 먹은 아기가 계속해서 구강적 쾌락을 얻으려고 하는 것은 구강기 동안의 과도한 만족의 예이다.

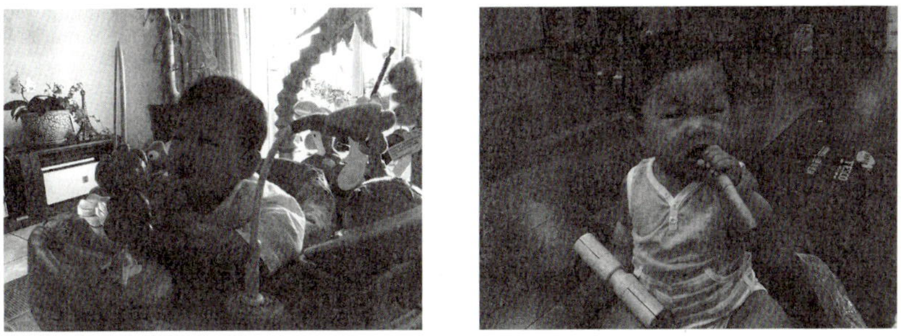

|그림 2-2| 구강기의 영아는 모든 사물을 입으로 탐색하려는 욕구를 가진다

② 항문기(anal stage)

18개월에서 3세까지에 해당되는 항문기에는 리비도가 입에서 항문으로 옮겨가게 된다. 이 시기에는 괄약근이 발달하기 때문에 배변을 보유하고 배설하는 것을 원하는 대로 조절함으로써 긴장과 불편함이 감소되고, 안도와 쾌감을 느낀다.

배변훈련은 항문기에 시작되는데, 영유아는 적절한 시간과 장소가 허용될 때까지 배설을 지연시키는 법을 배워야 한다. 마음대로 배변하려는 욕구를 가진 영아는 배변훈련을 통해 사회적 관행에 따르기를 바라는 부모의 요구에 직면하게 된다.

부모가 엄격하게 배변훈련을 시키면 항문기 고착현상이 나타난다. 배설을 참아서 근육수축 쾌감에 고착하게 되면 강박적 항문기 성격이 형성되어 결벽증, 수전노, 수집광, 인색함, 고집스러움의 특징을 보인다. 반면 배설을 하고 나서 근육이완 쾌감에 고착하게 되면 폭발적 항문기 성격이 형성되어 지저분하고 낭비벽이 심한 특징을 보인다. 항문기 발달 단계에서 영아는 부정적인 감정들을 경험하게 되는데 이러한 감정도 수용될 수 있다는 것을 배우는 것이 중요하다.

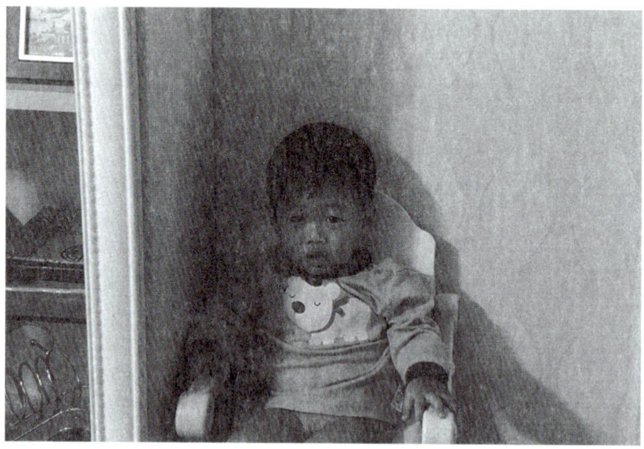

[그림 2-3] 항문기의 영아가 자신의 변기에 앉아 배변을 하고 있다

③ 남근기(phallic stage)

3~6세에 해당되는 남근기에는 리비도가 항문에서 성기로 이동한다. 유아는 자신의 성기를 자극함으로써 쾌감을 얻게 된다. 이 시기의 남아는 오이디푸스 콤플렉스를 경험하고, 여아는 엘렉트라 콤플렉스를 경험한다.

오이디푸스 콤플렉스는 그리스 신화 '오이디푸스 왕'의 이름과 내용으로 설명된다. 오이디푸스는 장차 아비를 죽이고 어미를 범한다는 신탁으로 인해 버림받은 후 자신의 아버지인지를 모른 채 아버지를 죽이고 그의 부인이었던 어머니와 결혼한다. 이후 그 사실을 알고서 자신의 두 눈을 파낸다.

프로이트는 남근기의 모든 남아들이 성적으로 어머니를 소유하려는 욕망을 가지고 있다고 하였다. 남아는 어머니를 최초의 애정의 대상으로 여기고 자연스럽게 아버지를 경쟁자로 인식하여 적대감을 갖게 된다. 유아는 이런 소망 때문에 아버지로부터 보복당할지도 모른다는 공포심을 가진다. 이런 공포에는 아버지로부터 가해지는 신체적 위해나 거세와 같은 상상이 수반된다. 결국 남아는 '거세불안'을 감소시키기 위해 아버지와 동일시하게 되고, 아버지의 행동, 가치관, 역할을 내면화하면서 남성적 성역할과 초자아가 형성된다.

엘렉트라 콤플렉스는 그리스 신화에 등장하는 '엘렉트라'가 남동생을 설득하여 어머니와 그 정부를 죽이고 아버지의 원수를 갚는다는 내용으로 설명된다. 여아는 이 시기에 '남근선망'의 심리상태를 보이며, 아버지를 사랑하면서 어머니에 대한 부정적 감정을 갖게 되는 엘렉트라 콤플렉스를 경험한다. 그러나 결국 서서히 어머니와 동일시하려는 행동이 증가하여 엘렉트라 콤플렉스를 해결하고 여성으로서의 성역할을 학습하게 된다.

프로이트에 의하면, 남근기에 고착된 남성은 대부분 경솔하고 과장되고 야심적이며 자신의 강함과 남자다움을 드러내려 한다. 남근기에 고착된 여성은 성관계에서 순진하고 결백해 보이지만 난잡하고 유혹적이며 경박한 기질을 나타낸다.

④ 잠복기(latency stage)

6~12세까지에 해당되는 잠복기에는 리비도가 무의식 속으로 잠복되어 비교적 평온한 시기를 보내게 된다. 성적으로는 무활동의 시기, 폭풍전야의 고요함과 같은 시기로 표현된다. 이 시기의 아동은 부모에 대한 애정을 발달시키고 또래와의 사회적 유대를 강화한다. 아동은 부모와 동일시하는 잠복기에서 사회적 · 도덕적 규범을 배우고, 학교에서 기본적인 사회적 기술을 습득하게 된다.

잠복기에 고착되면 성인이 되어도 이성에 대한 정상적인 친밀감을 갖지 못하고 이성과의 성적 관계를 회피하거나 정서적인 감정 없이 단지 공격적인 방식으로 성적 행동을 하게 된다.

⑤ 생식기(genital stage)

12~13세경 이후에 해당되는 생식기에는 호르몬과 생리적 변화로 인해 성적 충동이 크게 강화된다. 특히 이성부모를 향한 성적 욕망이 다시 한 번 나타나는데, 프로이트는 이를 사춘기에 거세불안이 환기되는 오이디푸스적 상황의 재현이라고 보았다. 잠복기에 확립되었던 원초아, 자아, 초자아 간의 균형을 잃게 되면서 갈등에 직면하게 되기도 한다. 점차 가정이라는 울타리 밖에서 성적 만족을 얻으려 하게 되고, 이성관계, 결혼, 직업으로 관심이 옮겨지며, 이성에 대한 성적 욕구가 운동이나 자원봉사, 독서 등 다른 활동을 통해 승화되기도 한다.

생식기에 고착되면 쾌락추구에 몰두하여 원초아가 발달하면서 비행에 이르게 되거나 지나친 금욕주의, 지성화(intellectualization)의 경향이 강해진다.

〈표 2-1〉 프로이트의 심리성적 발달 단계

단 계	연 령	주요 특징
구강기	0~18개월	• 구강활동을 통한 쾌를 추구 • 원초아가 지배함
항문기	18개월~3세	• 배설활동을 통한 쾌를 추구 • 자아와 원초아가 지배함
남근기	3~6세	• 성기를 통한 쾌를 추구 • 자아, 원초아, 초자아의 완성
잠복기	6~12세	• 성적 본능의 욕구에서 자유로운 시기 • 탐색, 기술의 습득에 관심
생식기	12세~	• 이성에 대한 호기심 • 성숙한 성관계 확립

2) 에릭슨의 심리사회적 이론

발달심리학자이자 정신분석학자인 에릭 에릭슨(Erik Erikson, 1902~1994)은 오

에릭슨(1902~1994)

스트리아 빈의 사립학교 교사 시절 지그문트 프로이트의 딸인 안나 프로이트(Anna Freud)를 알게 되었고, 이후 정신분석학자가 되었다. 유럽을 떠나 미국에 정착하여 예일 대학교와 하버드 대학교 교수로 재직하면서 프로이트 이론을 바탕으로 이민과 강제 이주, 인디언 문화에 대해 문화인류학적 연구를 한 결과, 개인의 성격발달이론을 정립하였다. 한편 어린 시절 어머니의 재혼으로 유대인 아버지를 갖게 되었던 그는 주변의 유대계인과 자신의 용모가 다른 것으로 정체성 문제를 심하게 겪은 경험을 바탕으로 자아정체감 이론을 중시하게 되었다.

에릭슨은 프로이트의 심리성적 발달 단계를 확장하여, 인간발달의 전 생애 접근을 통한 8단계 이론을 정립하였다. 그는 개인의 성격 발달이 전 생애 발달 과정 동안 경험하게 되는 사회적 관계에 달려 있음을 강조한 최초의 인물이다. 심리사회적 발달(psychosocial development)은 사회의 한 구성원으로서의 나 자신에 대한 지식과 이해의 변화와 마찬가지로 서로 간의 이해와 상호작용의 변화를 포함한다(Erikson, 1963).

에릭슨(1975)은 내적 본능 및 욕구나 외적 문화적 · 사회적 요구 간의 상호작용으로 인해 심리사회적 발달이 전 생애를 통해 계속된다고 주장하였고, 특히 자아정체감의 발달을 중요시했다. 확고한 자아정체감을 확립하기 위해서는 일생을 통해 각 발달 단계마다 직면하는 여덟 가지 위기를 성공적으로 해결해야 하며, 그 결과에 따라 성격이 형성된다. 매 단계마다 갈등 상황은 '신뢰감 대 불신감'처럼 긍정적인 결과와 부정적인 결과를 초래할 수 있다. 최상의 해결책은 긍정적인 측면과 부정적인 측면이 균형을 이루는 것이다.

(1) 심리사회적 발달 단계

① 1단계 : 신뢰감 대 불신감(trust vs. mistrust)

1단계는 태어나서 1세까지로 프로이트의 구강기에 해당되며, 이 시기의 영아는 자신을 돌봐주는 주 양육자와 사회적 관계를 맺게 된다. 이 시기에 주 양육자가 일관성 있고 안정되게 영아의 신체적 · 심리적 욕구를 잘 충족시켜 주면 신뢰감을 형성하게 되며, 적절한 반응이나 돌봄이 주어지지 않아 영아의 욕구가 충족되지 않으면 불신감이 형성된다. 이 시기에 형성된 기본적 신뢰감은 인생 전반에 갖게 되는 사회적 관계에도 영향을 미치므로 이 시기가 매우 중요하다.

그러나 에릭슨은 완전한 신뢰감만이 바람직한 것은 아니라고 하였다. 건강한 발달을 위해서는 불신감보다는 신뢰감이 더 큰 비중을 차지해야 하지만 신뢰와 불신 간의 적절한 균형이 필요하다. 왜냐하면 인간이 살아가면서 모든 사람과 상황을 신뢰할 수는 없으므로 불신감도 경험해야 하기 때문이다.

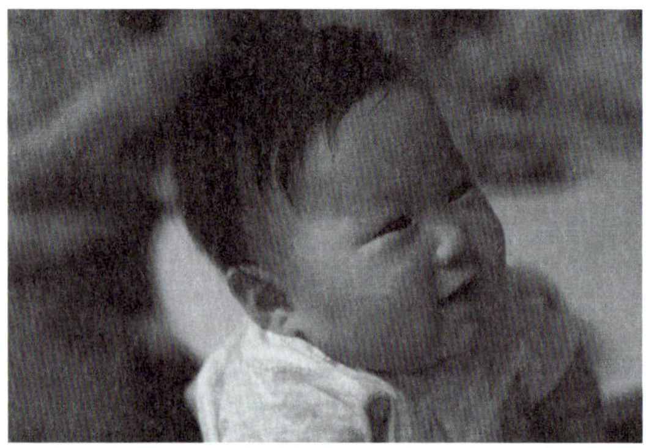

|그림 2–4| 안정적인 애착을 형성한 영아가 엄마와 눈을 맞추며 웃고 있다

이 시기의 심리사회적 위기를 잘 극복한 영아는 희망(hope)을 얻게 되나 그렇지 못하면 사회적으로 위축(withdrawal)되어 일생을 낮은 자존감과 우울증 등을 겪으며 보낼 가능성이 커진다.

② 2단계 : 자율성 대 수치 및 의심(autonomy vs. shame and doubt)

2단계는 1세에서 3세까지의 시기로 프로이트의 항문기에 해당된다. 이 시기에는 사회적인 기대나 압력과 자신의 의지 사이에서의 조절과 적응력이 발달 특성을 결정짓게 된다. 자율적이고 창의적인 사람이 되느냐, 의존적이고 자기 회의로

가득 찬 사람이 되느냐가 결정되는 것이다. 이 시기 영아는 다른 사람에게 의존하고 있지만 자유로운 선택의 자율성을 경험하기 시작한다.

또 다른 주요 과업으로 영아는 괄약근을 경직시키거나 이완시켜 대변을 보유하거나 배출하는 자기통제를 수행해야 한다. 프로이트는 항문기 발달과업을 특정 근육의 통제능력을 획득하는 것으로 보았으나, 에릭슨은 신체 전반의 근육조직에 관한 통제능력으로까지 일반화시켰다. 보행에 필요한 근육 발달이 이루어질 뿐만 아니라 일반적인 충동도 통제할 수 있다. 자율성의 표현으로 음식을 스스로 먹으려 하며, 인지발달에서도 "내가…" 또는 "싫어" 등의 언어 표현이 나타난다.

이 단계에서는 영아가 자신의 행동을 통제할 수 있는 정도를 스스로 발견하는 과업이 요구된다. 영아가 새로운 것들을 탐색할 기회가 주어지고 독립심이 촉진되면 건전한 자율감이 발달해 의지(will)를 얻게 된다. 반면 영아가 자신의 한계를 시험해 볼 기회가 주어지지 않고 지나친 사랑을 받고 과잉보호를 받거나 또는 외부통제를 너무 빨리 또는 엄하게 받으면 자신의 통제능력이 미약하고 외부압력을 통제할 수 없다는 무력감으로 인해 수치심과 회의를 갖게 된다.

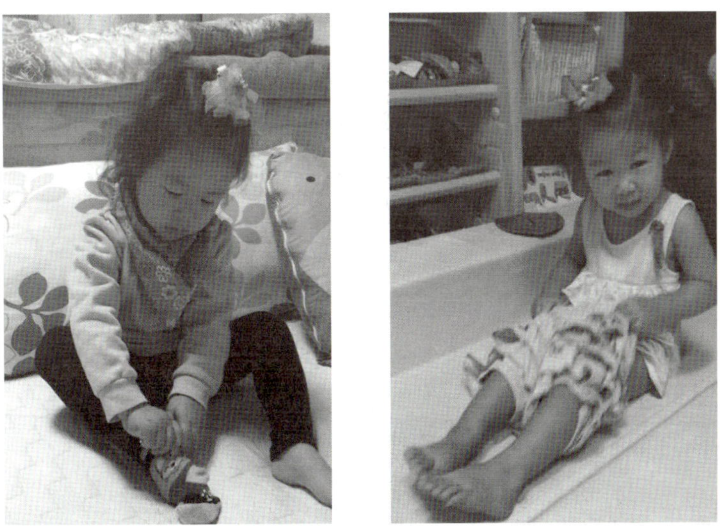

|그림 2-5| 영아는 자율적으로 자신의 양말을 신거나 옷을 입으려고 한다

③ 3단계 : 주도성 대 죄책감(initiative vs. guilt)

3단계는 3세에서 6세까지의 시기로 프로이트의 남근기에 해당된다. 이 시기의 유아는 신체 및 정신적 능력이 충분히 발달된 상태로 많은 일을 스스로 하려 한다. 활동, 호기심, 탐색을 통해 세상을 주도하는 것과 두려움이나 죄책감으로 인해 주저하는 것 사이에서 갈등이 발생하기도 한다. 보통은 사물에 대한 관심도 높아지고 환경을 적극적으로 탐색하며 놀이를 통해 새로운 시도를 한다. 즉, 유아는 계획을 세우고 목표를 설정하며 이를 달성하려고 노력하는 주도성을 갖게 된다.

이 시기 유아는 언어발달이 급격히 이루어지면서 끊임없이 질문을 한다. 질문을 통해 새로운 단어나 개념을 습득하게 되는데, 이는 학습의 기본적 수단이 된다. 또한 사물을 적극적으로 조작하기 시작하며, 호기심이 왕성해져서 다양한 사람, 사물이나 상황을 주도적으로 탐색하게 된다.

그러나 지나친 주도적 활동으로 부모의 강한 제재를 받게 되면 죄책감을 갖게 되므로 사회적으로 유용한 행동을 장려하여 목표의식을 갖게 해야 한다. 이 시기의 심리사회적 위기를 잘 극복한 유아는 목적(purpose)을 얻게 되나 그렇지 못한 유아는 주도성을 상실하고 죄책감으로 위축된다.

|그림 2-6| 유아는 목적지에 도착하기 위해 균형을 잡고 자신의 몸을 주도적으로 움직인다

④ 4단계 : 근면성 대 열등감(industry vs. inferiority)

4단계는 6세부터 11세까지의 학령기이며 프로이트의 잠복기에 해당된다. 프로이트는 이 단계를 비활동적인 시기로 보았으나, 에릭슨은 이 단계를 역동적이고 활동적인 시기로 보았다. 근면성은 아동이 속한 사회에서 성공적으로 기능하고 경쟁하는 데 필요한 기술을 습득하는 능력이다. 이 시기 아동은 지적 · 사회적으로 빠른 성장을 보이며 학교교육을 통해 인지적 기술과 공동체에 적응하는 훈련을 받아야 한다.

아동이 인지적 기능과 사회적 기능을 순조롭게 습득하고 부모나 교사의 지지와 격려를 받게 되면 근면성이 발달하나, 과업에 대한 실패가 빈번하고 지지를 받지 못하면 열등감을 갖게 된다. 이 시기의 심리사회적 위기를 잘 극복한 아동은 능력(competence)을 얻게 되나 그렇지 못하면 근면성을 상실하고 열등감으로 무기력해진다.

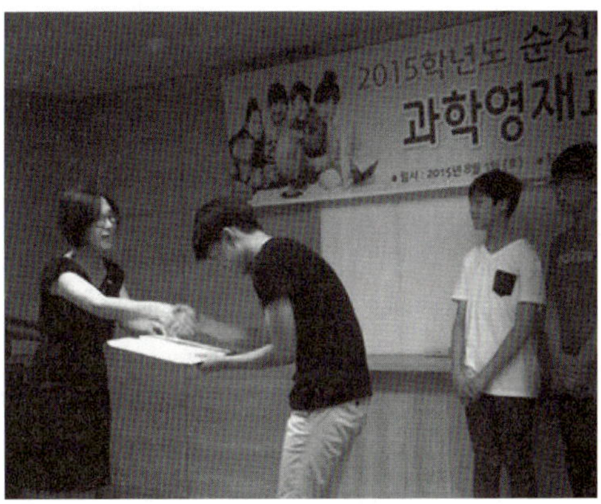

|그림 2-7| 아동은 자신이 속한 사회에서 성공적으로 기능하고 경쟁하는 데 필요한 기술이나 근면성을 습득한다

⑤ 5단계 : 정체감 대 정체감 혼미(identity vs. identity confusion)

5단계는 11세에서 20세까지의 청소년기이며 프로이트의 생식기에 해당된다. 청소년기의 가장 중요한 발달과업은 정체감을 확립하는 것이다. 에릭슨은 정체감 확립을 영아가 기초적 신뢰감을 형성하는 것 못지않게 중요하다고 보았다. 청소년은 생식기관의 성숙과 2차 성징의 출현이라는 새로운 경험을 겪게 되면서 성인으로서의 이미지를 형성하며 성역할에 대한 의식을 갖게 된다. 또한 부모로부터 정서적으로 독립하게 되면서 자신의 존재에 대해 의문과 탐색이 시작되고, 자신의 역할, 책임, 능력, 존재의 의미 등의 고민과 갈등을 겪으며 자신의 역할을 정확히 인식하고 통찰력을 갖게 되어 정체감을 확립하게 된다.

이 시기의 청소년이 심리사회적 위기를 잘 극복하면 정체감을 확립하여 성실(fidelity)을 얻게 되나 그렇지 못하면 정체감 혼미로 인해 사회에서 일탈하거나 특정한 가치나 이데올로기에 몰입하게 된다.

|그림 2-8| 청소년기에는 성역할에 대한 의식과 정체감을 확립하게 된다

⑥ 6단계 : 친밀감 대 고립감(intimacy vs. isolation)

6단계는 20~40세까지의 성인 전기이다. 부모로부터 독립하게 되고 책임감 있는 성숙한 성인으로서 기능하기 시작한다. 배우자를 선택하고 결혼을 하며 직업을 선택하여 일하는 시기로, 다른 사람과 더불어 사랑, 친교, 안정된 관계를 맺는 능력이 발달한다. 친밀감은 합리적인 정체감이 확립되었을 때 비로소 가능하며 성적인 것 이상의 사회적 친밀감을 포함한다.

친밀감을 형성한 사람은 성적 친밀감을 통해 이성으로부터 사랑(love)을 얻게 되며, 진정한 우정, 안정된 사람, 결혼생활의 지속 등을 포함하여 친밀감을 유지시켜 좋은 인간관계를 맺는다. 그러나 친밀감을 형성하지 못하는 사람은 형식적인 인간관계로 인해 고립감을 느끼며 외톨이가 되기도 한다.

⑦ 7단계 : 생산성 대 침체성(generativity vs. stagnation)

7단계는 40~65세의 성인 중기에 해당되며 인간의 완전한 성숙기로 삶의 각 영역에서 생산성을 발휘하는 시기이다. 생산성이란 성숙한 성인이 다음 세대를 구축하고 이끄는 데 관심을 갖는 것을 말한다. 자녀를 낳아 기르고 교육시키는 생물학적 생산성뿐만 아니라 사회적으로 후세대를 양성하거나 직업적 성취, 학문적 · 예술적 업적을 쌓는 등의 직업적 생산성을 발휘하는 것이다. 다른 방법으로는 다음 세대를 위해 사회봉사활동을 통해 생산성을 획득하기도 한다.

생산성을 제대로 획득한 성인은 타인을 배려(care)하는 성숙함을 보이나, 생산성을 획득하지 못한 성인은 침체성이 형성되어 다음 세대에 대한 관심과 배려를 보이지 않고 자기 자신의 욕구에 치중하여 타인에 대한 관대함이 결여된다.

⑧ 8단계 : 통합성 대 절망(integrity vs. despair)

8단계는 65세 이후의 노년기에 해당되며 자신의 삶을 되돌아보면서 숙고의 시간을 보내는 시기이다. 통합성은 자신의 인생을 돌이켜 보고 겸허하면서도 확고하게 '나는 만족스럽다'라고 확신하는 능력에서 생긴다(Hjelle & Ziegler, 1994). 노년기에는 신체적 노화, 배우자와 친구들의 죽음에 적응해야 하며, 은퇴로 사회적 상실과 심리적 갈등을 겪게 된다. 이 시기에 자신의 생을 돌아보면서 과거의 일들을 인정하고 나름대로의 가치를 수용하면 통합감을 느끼게 되고, 통합에 실패할 경우 후회와 좌절, 분노와 증오로 자신을 바라보면서 절망에 빠지게 된다.

통합성을 획득한 사람은 지혜(wisdom)를 갖게 되나, 획득하지 못한 사람은 인생에 대한 실패감과 절망감에 빠져 괴로워하게 된다.

〈표 2-2〉 에릭슨의 심리사회적 발달 단계

심리사회적 위기	연 령	주요 사회적 관계	주요 특징	바람직한 결과
신뢰감 대 불신감	0~1세	어머니 (양육자)	• 양육자가 일관되고 적절한 돌봄과 사랑을 줄 때 기본적인 신뢰감이 형성된다. • 거부적이고 부적절한 돌봄은 불신을 야기한다.	신뢰, 희망
자율성 대 수치 및 의심	1~3세	부모	• 자기능력으로 기능을 발휘하도록 허용, 격려할 때 자율성이 발달한다. • 과잉보호나 도움의 결핍은 환경을 통제하는 능력에 의심을 갖게 하여 수치심이 형성된다.	의지
주도성 대 죄책감	3~6세	가족	• 탐색할 수 있는 자유를 허용하고 질문에 충실히 답해줄 때 주도성이 발달한다. • 활동을 제한하고 간섭하고 질문을 귀찮게 여기면 죄책감이 형성된다.	목적, 의도
근면성 대 열등감	6~11세	이웃, 학교	• 성취할 기회를 부여하고, 성취한 것을 인정, 격려하면 근면성이 발달한다. • 성취할 기회를 갖지 못하거나 결과에 비난을 받고 귀찮은 존재로 취급되면 열등감이 형성된다.	기술, 유능감
정체감 대 정체감 혼미	청소년기	또래집단, 리더십 모델	• 자신의 존재, 가치에 대한 인식이 정체감을 발달시킨다. • 신체적 불안감, 성역할과 직업선택의 불안정은 역할혼미를 초래한다.	성실, 충성
친밀감 대 고립감	성인 전기	친구, 연인, 회사동료	• 타인과 친밀한 인간관계를 유지하는 능력을 발달시킨다. • 친밀한 관계 형성에 실패하면 고립감을 느끼게 된다.	사랑
생산성 대 침체성	성인 중기	노동의 분화와 가사의 분담	• 다음 세대의 지도과정에 참여하고 생산적 활동을 통해 타인과 사회를 위해 노력할 때 생산성이 발달한다. • 생산적 활동에 참여하지 못하면 침체성에 빠진다.	배려

통합성 대 절망	노년기	인류	• 자신의 인생이 만족스러웠다고 회상하고, 자신을 수용하고, 인생에 대한 관조를 할 수 있을 때 통합성이 형성된다. • 인생을 후회하고 죽음을 두려워할 때 절망에 빠진다.	지혜

출처 : 신명희 외(2013). 발달심리학.

〈표 2-3〉 프로이트와 에릭슨의 이론에 따른 발달 단계

발달 단계	대략 연령	프로이트 이론	에릭슨 이론
영아기	출생~1세	구강기	신뢰감 대 불신감
	1~3세	항문기	자율성 대 수치 및 의심
유아기	3~6세	남근기	주도성 대 죄책감
아동기	6~11세	잠복기	근면성 대 열등감
청소년기	11~20세	생식기	정체감 대 정체감 혼미
성인 전기	20~40세		친밀감 대 고립감
성인 중기	40~65세		생산성 대 침체성
노년기	65세 이후		통합성 대 절망

3. 행동주의 이론

행동주의는 20세기 초 미국의 심리학자 왓슨(John B. Watson, 1878~1958)의 연구로 시작되었다. 그는 환경을 구성하고 있는 자극을 주의 깊게 연구하는 것으로 발달을 완전히 이해할 수 있으며, 환경을 효과적으로 조절하는 것으로 어떤 행동도 만들 수 있다고 주장하였다.

행동주의 학자들은 발달을 이해하기 위해 직접적으로 관찰하고 측정할 수 있는 행동과 외부 환경에 있는 자극들을 연구하였는데, 자극을 안다면 그 행동을

예측할 수 있다고 보았다. 행동주의 이론은 사람이 보편적인 일련의 발달 단계를 거친다는 주장이나 유기체 내부의 무의식 과정을 통해 발달을 이해하는 것을 반대한다. 즉, 발달의 형태는 개인적이며, 특정한 환경적 자극을 반영하고, 행동은 환경의 특정 요인에 계속적으로 노출된 결과로 본다. 발달적 변화는 질적이기보다는 양적인 개념으로 설명된다.

행동주의 이론을 대표하는 고전적 조건화 이론(classical conditioning theory), 조작적 조건화 이론(operant conditioning theory), 사회인지학습이론(social-cognitive learning theory)을 살펴보겠다.

1) 고전적 조건화 이론

러시아의 생리학자인 파블로프(Ivan Petrovich Pavlov, 1849~1936)는 상트페테르부르크 대학교에서 화학과 생리학을 공부하였고, 상트페테르부르크 임피리얼 의학 아카데미에서 의사자격을 취득하였다. 1904년 포유류의 소화 과정 연구를 통해 소화의 생리학에 관한 공로를 인정받아 노벨 생리의학상을 수상하였다. 인간행동에 관한 연구를 하나의 과학으로 완성하는 데 공헌한 학자이다.

파블로프(1849~1936)

(1) 고전적 조건반사와 고전적 조건형성

파블로프는 개가 음식을 주는 실험자의 발자국 소리에도 침이 분비되는 현상에서 고전적 조건화의 개념을 설정하였다. 평소에는 개가 침을 분비하는 데 영향을 주지 않던 발자국 소리가 무조건 침을 분비하게 하는 음식물과 결합되어 발자국 소리만으로도 침을 분비하게 했다고 추론한 것이다.

그는 개의 침 분비 실험을 통해 고전적 조건형성(classical conditioning)을 증명하였다. 개는 음식을 보면 무조건 침을 흘리는데, 실험에서는 개에게 먹이를 주기 전에 항상 종을 울렸다. 이 과정을 여러 번 반복했더니 드디어 개는 종소리만 듣고서도 침을 흘렸다. 즉, 음식에 의한 침의 분비는 선천적인 것이며, 종소리에 의한 침의 분비는 학습된 것이라고 할 수 있다.

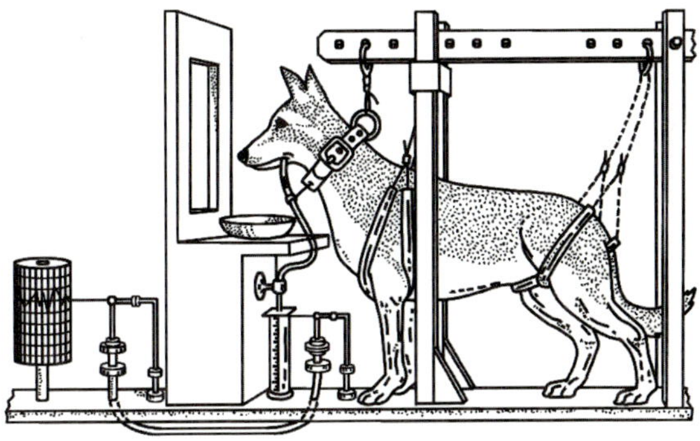

|그림 2-9| 파블로프의 고전적 조건형성 실험

출처 : 정옥분(2005). 아동발달의 이해.

① 무조건 자극(unconditioned stimulus) : 훈련 없이도 반응을 유발하는 자극
② 무조건 반응(unconditioned response) : 훈련 없이도 유발되는 반응
③ 중성 자극(neutral stimulus) : 유기체의 반응을 유발시키지 않는 자극
④ 조건 자극(conditioned stimulus) : 훈련을 통해 반응을 유발시키는 자극
⑤ 조건 반응(conditioned response) : 어떤 훈련의 결과로 생기는 반응

조건화 전 단계에서 개는 무조건 자극인 음식에 침을 분비하고 중성 자극인 종소리에 반응을 보이지 않았다. 이때 개의 침 분비는 무조건 반응이다. 조건화 단계에서 음식과 종을 짝지어 여러 차례 반복 · 제시하였더니 조건화 후 단계에서 개는 종만 울려도 타액을 분비하게 되었다. 이때 종소리는 조건 자극이 되고 개의 침 분비는 조건 반응이 된다.

우리가 일상생활에서 경험하는 고전적 조건화로는 정서반응의 학습을 설명할 수 있다. 이유가 분명하지 않은 많은 종류의 특정 정서반응은 고전적 조건화의 과정으로 우리에게 학습된 것이다. 벌에게 쏘여 놀란 경험이 있는 유아는 벌레만 보아도 공포반응을 보이기도 하고, 충치치료를 받으며 무서워했던 유아는 치과 드릴 소리만 들어도 고통을 느낄 수 있다.

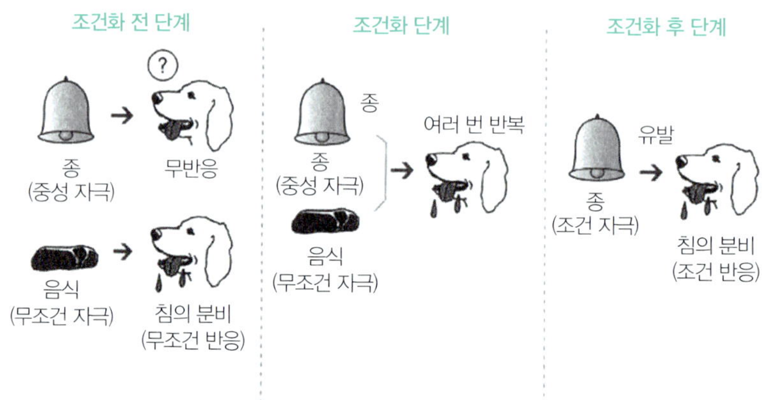

|그림 2-10| 파블로프의 고전적 조건형성의 모형

출처 : 김기현 · 김미애 · 김선숙 · 전은화 · 황윤숙(2014). 유아발달.

(2) 고전적 조건형성과 영향 요인

고전적 조건형성에 영향을 미치는 요인으로 강화, 소멸, 일반화, 변별화가 있다.

① 강화(reinforcement)

강화는 한 행동에 뒤따르는 자극 사건이 그 행동을 다시 일으킬 가능성을 증가시키는 것이다.

② 소멸(extinction)

소멸은 조건형성이 이루어진 후에 강화의 역할을 하는 무조건 자극의 제시 없이 조건 자극만 계속 제공할 때 조건 반응이 약화되어 마침내 사라지는 현상을 말한다.

③ 일반화(stimulus generalization)

일반화는 원래 자극과 유사한 조건 자극에 대해 조건 반응하는 것이다. 예를 들면, 개에게 물렸던 끔찍한 기억을 가진 유아가 개와 비슷한 다른 동물만 보고도 공포반응을 일으키는 것이다. 대표적인 실험은 왓슨이 11개월 영아 앨버트(Albert)에게 무섭고 날카로운 큰 소리와 함께 하얀 부드러운 쥐를 여러 번 보여주어 공포를 학습시킨 것이다. 앨버트는 처음에는 부드러운 털을 가진 쥐를 만져보려 했으나, 실험 후 하얀색의 털이 달린 것만 보면 얼굴을 돌리면서 우는 반응이 일반화되었다.

④ 변별화(differentiation)

변별화는 한 자극이 다른 것과 변별되는 방식이다. 막힌 공간에서 공포를 느끼는 유아가 자신의 다락방 같은 어떤 특정한 막힌 공간에서는 공포를 느끼지 않는 것이다.

2) 조작적 조건화 이론

스키너(1904~1990)

미국의 심리학자인 스키너(Burrhus Frederic Skinner, 1904~1990)는 뉴욕 해밀턴 대학교에서 영문학을 전공하고, 하버드 대학교에서 심리학으로 박사학위를 취득하였다. 그는 왓슨과 함께 행동주의 심리학을 이끈 주요 인물로 20세기 가장 영향력 있는 심리학자로 손꼽힌다. 오늘날 교육현장에서도 조작적 조건형성 이론에 근거한 교수방법이 사용되고 있는데, 교수기계(teaching machine)를 통해 프로그램 수업방법을 소개한 바 있다(신명희 외, 2013).

(1) 조작적 행동과 조작적 조건형성

스키너는 인간행동의 대부분을 조작적 행동으로 보았다. '조작적(operant)'이라는 용어는 바라는 결과를 얻기 위해 행해지는 노력을 의미한다. 특정 자극에 대하여 일어나는 반응행동의 학습을 설명하는 고전적 조건형성과는 달리, 자발적으로 일어난 어떤 행동이 그 긍정적 혹은 부정적 결과에 따라 강화가 되거나 혹은 약화가 되는 과정이 조작적 조건형성(operant conditioning)이다.

그는 특별히 고안한 스키너 실험상자 안의 쥐가 지렛대를 누를 때마다 음식을 제공하는 실험을 통해 조작적 조건화 이론을 정립하였다. 이 실험에서 쥐의 지렛대를 누르는 행동은 먹이라는 긍정적 결과를 통해 학습된 행동이 된 것이다.

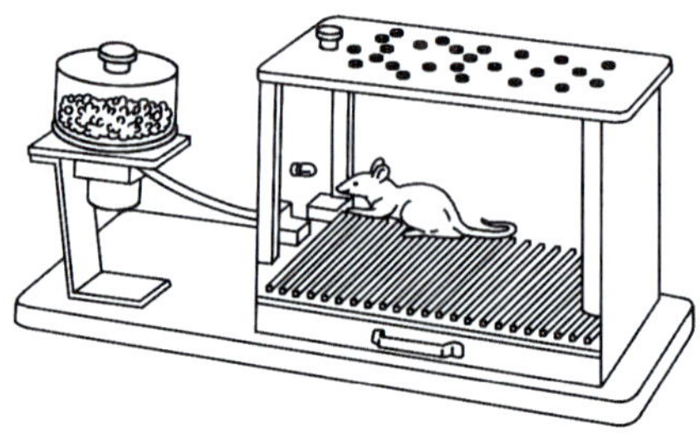

|그림 2-11| 스키너의 실험상자

조작적 조건형성에서는 강화(reinforcement)와 처벌(punishment)이 중요한 역할을 한다. 유아들이 어떤 행동을 계속 하게 되는 것은 그 행동의 결과가 강화되었기 때문이고, 어떤 행동을 하지 않게 되는 것은 그 행동의 결과가 처벌을 받았기 때문이다. 예를 들어, 노래를 잘해서 칭찬을 받은 아이는 계속해서 노래를 잘하

려 하고, 동생을 때려서 처벌을 받은 유아는 이후로는 화가 나도 동생을 때리지 않으려고 한다.

(2) 강화인

이렇듯 강화는 특정 행동을 다시 발생하도록 하는 과정을 의미하며, 그 행동이 다시 발생할 가능성을 증가시키는 자극을 '강화인(reinforcer)'이라 한다. 강화인에는 정적 강화인과 부적 강화인이 있다. 정적이라는 의미는 행동을 제시하는 것이고, 부적이라는 의미는 행동을 제거하는 것이다. 정적 강화는 상, 선물, 칭찬과 같이 선호하는 자극을 제시하여 행동의 빈도를 증가시키는 강화이다. 부적 강화는 벌, 타임아웃, 꾸지람과 같이 혐오하는 자극을 제거하여 행동의 빈도를 증가시키는 강화이다. 반면에 처벌은 어떤 행동이 발생할 가능성을 감소시키는 것이다. 정적 처벌은 혐오하는 자극을 제시하여 행동을 감소시키는 것이고, 부적 처벌은 선호하는 자극을 제거하여 행동을 감소시키는 것이다.

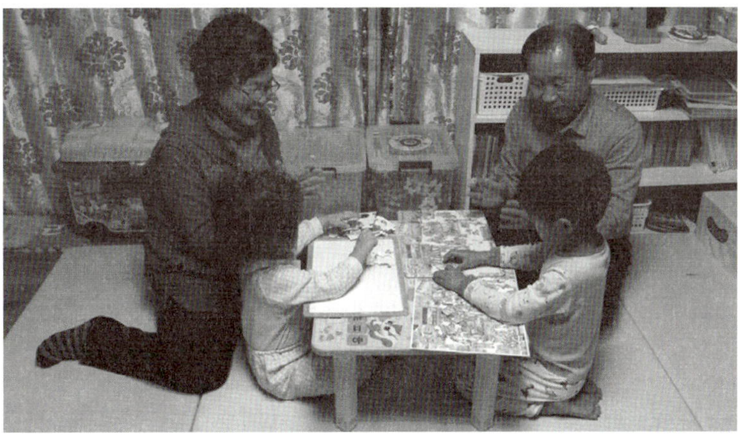

|그림 2-12| 조부모는 영유아를 격려해 줌으로써 긍정적인 행동을 증가시키는 정적 강화인을 제공한다

스키너의 조작적 조건화의 원리를 이용한 행동수정(behavior modification) 프로그램은 일상생활에서 많이 찾아볼 수 있다. 서커스에서 동물의 행동을 조형하는 조련사는 먹이나 채찍을 사용하여 동물의 행동을 원하는 대로 만들어 간다. 특히 이는 유아의 문제행동을 바람직한 행동으로 수정하는 데 효과적이다. 그러나 스키너 이론은 외현적 행동에 초점을 두고 환경만을 강조하여 생물학적 영향력을 간과하였다는 한계점이 있다.

3) 사회인지학습이론

반두라(1925~2021)

발달심리학자인 반두라(Albert Bandura, 1925~2021)는 브리티시 컬럼비아 대학교에서 심리학을 전공하였으며, 아이오와 대학교에서 박사학위를 취득하였다. 1953년부터 스탠퍼드 대학교에서 교수로 재직하였다. 인간의 많은 행동들이 다른 사람의 행동을 관찰하는 것으로 학습된다는 관찰학습의 개념으로 사회인지학습이론을 주장하였다(Bandura, 1977; 1994).

반두라의 사회인지학습이론은 사회적 환경과 영유아의 인지능력이 학습과 발달에 미치는 중요성을 강조한다. 영유아의 많은 행동은 자신이 직접 강화와 처벌을 받아야만 학습된다기보다는 다른 사람의 행동을 관찰하고 모방하거나 혹은 다른 사람이 수행한 행동의 결과에 제공되는 강화와 벌을 관찰하면서 학습된다고 하였다.

(1) 관찰학습과 구성요소

사회인지학습이론은 다른 사람의 행동을 관찰함으로써 발생하는 학습인 관찰학습(observational learning)에 주목하는데, 이것을 모방(imitation) 또는 모델링

(modeling)이라고 한다. 예를 들면, 유아들은 다른 친구들이 바람직한 행동을 하여 칭찬을 받는 것을 본 후 그 행동을 모방한다. 다른 친구가 수행한 행동의 결과에 대해 제공되는 강화를 관찰하면서 다음 행동에 대한 기대와 신념을 갖게 되는 대리조건형성의 과정으로 학습되는 것이다.

반두라는 관찰학습이 잘 이루어지려면 주의, 기억, 운동재생, 동기유발의 네 단계를 거쳐야 한다고 보았다.

① 관찰자는 모델의 행동에 주의(attention)를 기울여야 한다.
② 관찰자는 모델의 행동을 기억(retention)해야 한다.
③ 관찰자는 모방하고자 하는 행동을 기억하여 행동을 정확하게 수행하는 운동재생(motor reproduction) 과정을 거쳐야 한다.
④ 관찰자는 관찰하고 수행하기 위해 동기유발(motivation)이 되어야 한다.

(2) 자기효능감

사회인지학습이론에서 자기효능감(self-efficacy)은 중요한 요소이다(Bandura, 1989). 자기효능감은 자신이 어떤 일을 잘 해낼 수 있다는 개인적 신념으로서 개인의 가치판단이 아닌 개인의 능력에 대한 판단을 수반한다. 이는 어떤 행동을 모방할지를 결정하는 데 도움이 된다. 자신의 능력범위 내에 있는 활동은 시도할 것이고, 자신의 능력을 벗어나는 과제나 활동은 회피하려 하게 된다. 자기효능감은 주어진 과제에 대한 실제 수행에서의 성공, 만일 다른 누군가가 어느 한 과제에 성공한다면 나도 할 수 있다는 생각을 하게 하는 대리경험, 그리고 활력을 북돋우는 언어적 설득 그리고 피로나 긴장 등 생리적 단서라는 네 가지 정보원천에 기초하여 평가된다.

(3) 상호결정론

반두라는 영유아발달이 개인적 · 행동적 · 환경적인 요소들 간의 지속적인 상호작용에 의해 이루어진다는 상호결정론(reciprocal determinism)을 주장하였다. 환경이 아동의 성격과 행동을 조성한다는 스키너와는 달리 반두라는 환경, 사람, 행동 간의 관계는 양방향적이라고 주장한다. 환경(environment)은 사람이 행동하는 상황을 제공하는 물리적 환경, 가족이나 친구, 사회적 환경을 의미한다. 사람(person)은 인지적 능력, 신체적 특성, 성격, 신념, 태도 등을 통해 그 상황을 분석하여 어떤 행동을 선택할 것인지 결정한다. 행동(behavior)은 신체적 반응, 사회적 상호작용, 언어로 나타나는데, 이는 사람의 상황분석과 관련된 정보를 제공하고 그 환경을 수정하게 된다(임지영 외, 2014).

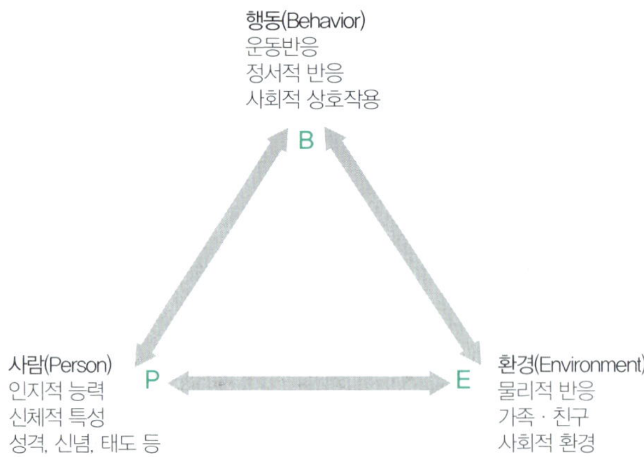

[그림 2-13] 반두라의 상호결정론 모델

출처 : 정옥분(2003). 영유아발달의 이해.

사회인지학습이론은 영유아발달이 영유아와 환경 간의 계속적 상호작용에 의해 이루어진다고 주장한다. 영유아 자신이 무엇을 할 수 있다는 신념은 어떤 특별한 행동을 하는 데 영향을 주고, 그 행동은 환경에 영향을 미친다. 환경은 다시 영유아의 기대를 변화시키는 역할을 하는 것이다. 즉, 환경, 사람, 행동 세 가지 요소는 서로에게 영향을 주며 상호의존적이다.

4. 인지발달이론

인지발달은 인간이 성장 · 발달해 감에 따라서 일어나는 인지기능(cognitive function)의 변화를 의미한다. 인지발달이론은 인간의 사고과정과 그 과정에 영향을 주는 행동의 발달에 관심을 가지며, 영유아의 무의식적인 사고의 중요성을 강조한 정신분석이론과 달리 영유아의 의식적인 사고를 강조하였다.

극단적 행동주의에 대한 반발로 생겨나서 발전한 인지발달이론은 인간을 환경적 힘에 의해 좌우되는 수동적 존재가 아니라 경험을 찾고 그것을 수정하고 조성하는 능동적 존재로 보았다. 따라서 인지발달이론가들은 사람이 세상에 대하여 알고, 이해하고, 그리고 생각하는 과정에 초점을 두고 인간의 정신구조와 합리적인 사고과정을 밝히고자 하였다.

인지발달이론을 대표하는 피아제(Piaget)의 인지발달이론(theory of cognitive development), 비고츠키(Vygotsky)의 사회문화적 인지발달이론(theory of sociocultural cognitive development)과 정보처리이론(information-processing theory)을 살펴보겠다.

1) 피아제의 인지발달이론

스위스의 발달심리학자 피아제(Jean Piaget, 1896~1980)는 어려서부터 생물학에 깊은 관심을 가져 11세 때 공원에서 본 색소결핍증 참새에 대한 첫 논문을 발표하였고, 22세에 생물학 박사학위를 취득했다. 그 후 취리히 대학교에서 심리학에 대한 연구에 심취하였다. 비슷한 연령의 영유아들이 어떤 문제에 같은 오답을 한다는 사실을 발견하고 영유아의 사고가 성인의 사고와는 다르다는 결론을 내렸으며, 결혼 후 자신의 세 자녀가 성장하는 과정을 주의 깊게 관찰하면서 인지발달이론을 정립하였다. 피아제는 1969년 유럽인 최초로 '미국심리학회'로부터 특별 과학 공헌상을 수상한 가장 영향력 있는 발달심리학자로 평가받는다.

피아제(1896~1980)

피아제의 이론은 발생적 인식론(genetic epistemology)에 근거한다. 발생적 인식론은 인간의 정신을 구성하는 지식구조의 기원과 발달을 연구하는 분야이다. 이러한 연구를 통해 피아제는 인간을 능동적인 유기체로 보고, 인간의 인지발달을 환경과의 상호작용에 의해서 이루어지는 적응과정으로 이해하였다. 피아제는 이 적응의 과정에서 나타나는 인간의 인지발달을 네 단계로 분류하였다.

(1) 주요 개념

피아제는 인지가 조직화(organization), 적응(adaptation), 평형화(equilibration)라는 선천적 경향성을 통하여 발달된다고 하였다. 조직화는 지식을 일관성 있게 체계화하거나 범주를 만드는 경향성을 말한다. 적응은 모든 유기체가 환경에 적응하려는 경향성으로, 환경과의 직접적인 상호작용을 통해 도식이 변화하는 과정이다. 적응은 동화(assimilation)와 조절(accommodation)이라는 두 개의 상호보완적인 과정을 통하여 이루어진다. 이에 관련된 주요 개념인 도식, 동화, 조절, 평형화의 개념을 설명하면 다음과 같다.

① 도식(schema)

영유아는 태어날 때부터 도식을 가지고 태어나며, 성장하면서 도식이라고 하는 인지구조를 점점 더 복합적으로 만들어 간다. 도식(schema)은 사물이나 사건에 대한 전체적인 윤곽으로 행동과 생각의 조직화된 형태이다. 영유아는 적응의 과정을 통해 새로운 도식을 개발하고 기존의 도식을 변화시켜 하나의 통합된 체계로 만들어 간다.

② 동화(assimilation)

동화는 새로운 환경자극에 반응함으로써 기존의 도식을 사용해 새로운 자극을 이해하는 과정이다. 영유아는 새로운 대상, 사건, 경험과 정보를 만나면 이미 가지고 있는 인지구조인 도식 안에 그것을 맞추어 넣으려 한다. 예를 들면, 개를 처음 본 영유아는 '개는 털이 있고, 네 발로 걸어 다닌다'라는 도식을 통해 새로운 대상을 받아들인다.

③ 조절(accommodation)

조절은 새로운 경험을 수용하기 위하여 기존의 도식을 변형하거나 새롭게 형성하는 과정이다. 영유아가 경험하게 되는 모든 것이 이미 가지고 있는 도식 안에 동화되지는 않는데, 이때 영유아는 기존의 도식을 변경하여 조절하게 된다. 예를 들면, 고양이를 본 영유아는 털이 있고 네 발로 걸어 다니지만, 기존에 알고 있던 개와는 생김새도 다르고 '야옹' 소리를 내는 것을 듣고, 기존의 도식으로 해석이 되지 않아 기존의 도식을 변경하게 된다.

④ 평형화(equilibration)

평형화는 동화와 조절의 균형이 이루어진 것이다. 영유아가 기존의 도식으로 새로운 경험을 이해할 수 없을 때 불평형의 불편한 상태를 경험한다. 이에 기존의 도식을 수정하거나 새로운 도식을 만들어 새로운 경험을 수용하여 다시 안정된 평형상태를 회복한다. 예를 들면, 영유아는 개와 고양이의 특징에 대한 새로운 도식을 형성하여 인지적 갈등 상황을 해결하게 된다.

(2) 인지발달 단계

피아제는 모든 사람들은 정해진 일련의 보편적인 인지발달 단계를 거친다고 하였으며, 인지발달을 감각운동기(0~2세), 전조작기(2~7세), 구체적 조작기(7~11세), 형식적 조작기(11세 이후)의 네 단계로 구분하였다. 각 단계의 특징은 다음과 같다.

① 감각운동기(sensory motor period)

감각운동기는 출생에서 2세까지 감각적 반사운동을 하며 주위에 대해 강한 호기심을 보이는 시기이다. 영아는 감각과 운동을 통해 도식을 발달시키며, 지연모방이 가능해진다. 또한 영아는 숨겨진 대상을 찾고, 보이지 않는 위치 이동을 이해할 수 있는 대상영속성을 획득하게 된다.

② 전조작기(pre-operational period)

전조작기는 2~7세까지 영유아의 언어가 급격히 발달하고 상징을 사용한 정신적 표상을 하게 되는 시기이다. 전조작기 영유아는 조작능력에 한계가 있고, 지각에 의한 직접적 경험으로 사물이나 사건을 이해하기 때문에 논리적 조작능력이 부족하다. 따라서 사물의 크기 · 모양 · 색 등과 같은 지각적 특성에 의존하는 직관적 사고를 보이며, 보존개념이나 유목포함 조작이 불가능하다. 또한 자기중심적 태도와 물활론적 사고를 한다.

③ 구체적 조작기(concrete operational period)

구체적 조작기는 7~11세까지 해당된다. 유아는 논리적 조작과 가역적 사고를 하면서 보존개념을 획득하고, 분류조작, 유목화 및 서열화가 가능해진다. 중심화 현상에서 벗어나 탈중심화가 이루어져 한번에 사물이나 사건의 여러 가지 속성에 주의를 기울일 수 있게 된다. 또한 자기중심적 사고에서 벗어나 자신의 관점과 상대방의 관점을 이해하는 조망수용 능력을 획득하게 된다. 그러나 구체적 사물에 대한 논리적 사고만이 가능하다는 한계가 있다.

④ 형식적 조작기(formal operational period)

형식적 조작기는 11세 이후의 시기로 논리적인 추론을 하고, 가설연역적 사고가 가능한 시기이다. 자유 · 정의 · 사랑과 같은 추상적인 개념을 이용한 논리적 사고가 가능하며, 현재뿐만 아니라 미래의 상황에 대한 논리적 사고도 가능해진다. 문제해결을 위해 다양한 인지적 조작과 전략을 사용하여 조합적 추리를 할 수 있게 된다.

〈표 2-4〉 피아제의 인지발달 단계

단 계	연 령	주요 특징
감각운동기	출생~2세	• 감각과 운동을 통한 도식 발달 • 반사행동에서 목적을 가진 의도적 행동으로 발전 • 지연모방 가능 • 대상영속성 개념 획득
전조작기	2~7세	• 언어, 상징과 같은 표상적 사고능력의 발달 • 중심화 : 자기중심적 언어와 사고 • 직관적 사고와 전인과성 사고 • 물활론적 사고
구체적 조작기	7~11세	• 구체적 경험 중심의 논리적 사고 발달 • 보존개념 획득 • 가역적 사고, 탈중심화 • 유목화, 서열화 가능
형식적 조작기	11세~이후	• 추상적 상황의 논리적 사고 가능 • 명제적, 가설연역적 추리 가능 • 조합적 추리 가능

2) 비고츠키의 사회문화적 인지발달이론

비고츠키(1896~1934)

러시아의 심리학자인 비고츠키(Lev Semyonovich Vygotsky, 1896~1934)는 모스크바 대학교와 샤니아프스키 인민 대학교에서 법학과 문학, 철학, 예술, 심리학을 공부한 후 1924년 파블로프의 조건반사이론을 비판하는 논문을 발표하였다. 38세의 젊은 나이에 요절하였지만 짧은 생애 동안 180편이 넘는 논문과 책을 출판하였다.

비고츠키는 영유아가 성장하는 문화와 사회 환경에서 인지발달의 근원을 찾았고, 인지발달에서 사회적 · 문화적 맥락의 중요성을 강조하였다. 즉, 인지발달은 한 문화 속에서 구성원들 간의 사회적 상호작용의 결과로서 진행되는 것이며, 영유아는 특정 문화에 적절하게 사고하고 행동하는 법을 습득하게 된다(Wertsch & Tulviste, 1992).

비고츠키는 피아제의 인지발달이론에서 간과하였던 사회문화적 요인의 중요성을 강조함으로써 영유아의 인지발달을 이해하는 새로운 관점을 제공하였다. 첫째, 영유아의 인지발달에서 문화적 보편성을 강조한 피아제와 달리 비고츠키는 문화적 특수성을 강조하였다. 둘째, 피아제는 인지발달에서 영유아의 능동적이고 자발적인 노력을 강조하여 성인의 직접적인 가르침을 중요하게 생각하지 않았지만, 비고츠키는 영유아의 인지발달을 사회가 중재해야 하므로 성인의 역할을 중요시했다. 셋째, 피아제는 모든 영유아가 유사한 인지발달 단계를 거친다고 보았지만, 비고츠키는 모든 영유아가 똑같은 인지발달 단계를 거친다고 보지 않았다.

(1) 주요 개념

비고츠키의 이론은 고등정신의 발달, 근접발달영역, 비계, 언어와 사고의 네 가지로 정리할 수 있다.

① 고등정신의 발달

영유아는 주의, 감각, 기억, 지각 등 소수의 기본적인 정신을 가지고 태어난다. 인간의 고등정신 기능(기억, 사고, 인지 등)은 사회문화와의 상호작용에 의해 새롭고 더욱 정교하게 변화한다. 사회적 상호작용은 언어를 포함한 여러 가지 기호체계에 의해 매개된다. 이러한 사회적 상호작용을 통해 영유아에게 전달된 사회적 정보가 처음에는 객관적 특성을 지녔다 해도, 영유아가 경험하는 내면화 과정을 통해 심리적 차원에서는 주관적 특성으로 존재하게 되는 것이다. 즉, 외부적인 상황이 개인에게 내면화되면서 학습은 타자주도적(other-regulated) 학습에서 점차 자기주도적(self-regulated) 학습으로 전환된다(Vygotsky, 1926; 1979).

② 근접발달영역(ZPD : Zone of Proximal Development)

근접발달영역은 영유아가 스스로의 힘으로 문제를 해결할 수 있는 수준인 실제적 발달 수준과 성인이나 유능한 또래로부터 도움을 받아 문제를 해결할 수 있는 수준인 잠재적 발달 수준 간의 간격이다. 영유아의 잠재능력을 최대한 개발하기 위해서 교사는 근접발달영역 내에서 영유아가 스스로의 힘으로 문제를 해결할 수 있도록 도움을 제공하는 발판 역할을 해주어야 한다.

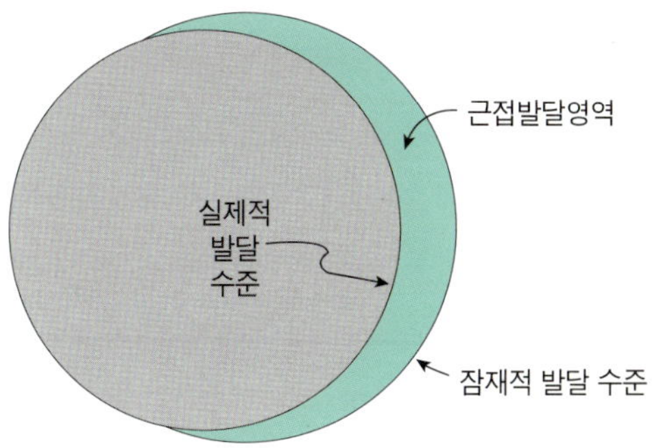

|그림 2-14| 근접발달영역

출처 : 조복희(1999). 아동발달.

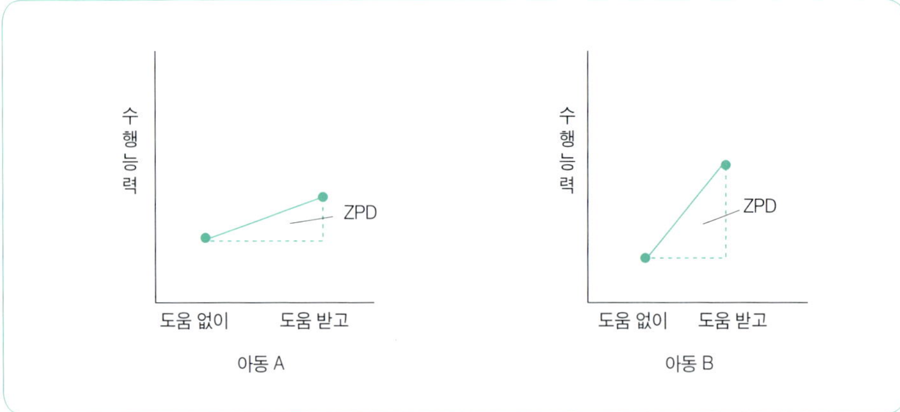

[그림 2-15] 도움에 의해 수행능력이 향상되며 더 넓은 근접발달영역을 갖게 된다

출처 : 정옥분(2003). 영유아발달의 이해.

③ 비계(scaffolding)

비계는 영유아가 스스로의 힘으로 문제를 해결할 수 있도록 성인이나 유능한 또래가 도움을 제공하는 것이다. 비고츠키는 영유아의 인지발달은 자신이 속한 문화에서 보다 성숙한 구성원과의 상호작용을 통해 이루어진다고 보았다. 영유아가 과제를 수행하는 데 적절한 도움을 주다가 혼자 힘으로 문제를 해결할 수 있게 되면 비계를 제공하지 않아도 된다.

④ 언어와 사고

언어는 문화적으로 적절한 사고양식과 문제해결 방식을 영유아에게 전달하는 주요 도구이다. 처음에는 성인의 지시에 의해 언어가 영유아의 사고와 행동을 이끌지만 점차 영유아 스스로 말하는 언어가 자신의 사고와 행동에 영향을 미친다. 비고츠키는 혼잣말을 인지발달에서 자기조절을 행하는 중간단계로 보았다. 영유아는 자신의 사고과정과 행동을 이끌어 가기 위해서 언어를 사용하는데, 자기조절의 목적으로 혼잣말을 사용하는 것이다. 예를 들면, 실외놀이터 미끄럼틀에서 영유아가 혼잣말로 '계단으로 차례차례 올라가야지'라고 중얼거리면서 계단을 올라가는 것을 볼 수 있다. 영유아는 교사가 놀이규칙으로 말했던 언어를 말하는 것으로, 이러한 현상은 혼잣말을 하는 사적 언어이다. 이 단계를 거치면 혼잣말을 하지 않고도 언어를 내면화하여 내적 언어로 사고를 조절할 수 있게 된다.

3) 정보처리이론

정보처리이론은 인지과정을 컴퓨터의 정보처리 과정과 비교한 이론이다. 인간의 인지를 컴퓨터의 하드웨어, 소프트웨어같이 단기, 장기 정보 저장소를 포함한 정보처리 과정으로 구분하여 발달변화를 다루고자 하였다.

(1) 정보처리이론의 모형

정보처리이론의 대표적인 모형은 앳킨슨과 시프린(Atkinson & Shiffrin, 1968)의 다중기억모형이다. 이 모형에서는 감각기억(sensory memory), 단기기억(short term memory)과 장기기억(long term memory) 저장소, 통제과정(control processes)으로 구분하고 있다.

감각기억은 우리가 보고, 듣고, 냄새 맡고, 맛보고, 만지는 것 등의 감각을 통해 들어오는 모든 것을 기억하는 것이다. 감각기관을 통해 정보를 받아들이고 획득된 정보는 감각기억에 잠깐 머무르게 되지만, 특별한 주의를 기울이지 않으면 금세 사라진다. 단기기억은 정보를 조직하는 일시적 단계로서 이때의 정보가 반드시 뇌의 저장영역에 전달되는 것은 아니고, 특별한 주의를 기울인 정보만 단기기억장소로 옮겨진다. 단기기억은 소량의 정보만 기억할 수 있으며 잊혀지거나 장기기억으로 옮겨간다. 장기기억은 정보를 저장하는 큰 용량을 가지고 있으며 오랜 시간 동안 정보를 보유할 수 있다.

(2) 정보처리의 과정

정보처리의 과정에는 부호화(encoding), 저장(storage), 인출(retrieval)이라는 세 단계의 기본적인 과정이 있다.

① 부호화

부호화는 정보를 나중에 필요할 때 잘 기억해 낼 수 있는 형태로 기록하는 과정이다. 부호화 과정에서 여러 자극을 기억할 수 있도록 시각, 청각, 촉각 등의 방법으로 부호화하게 된다.

② 저장

저장은 정보를 기억 속에 쌓아두는 과정이다. 저장과정은 감각기억, 단기기억, 장기기억의 세 과정으로 나누어진다.

③ 인출

저장된 정보를 필요한 때에 꺼내는 과정으로, 인출과정은 흔히 회상(recall)과 재인지(recognition)의 두 종류의 인출에 초점을 맞춘다.

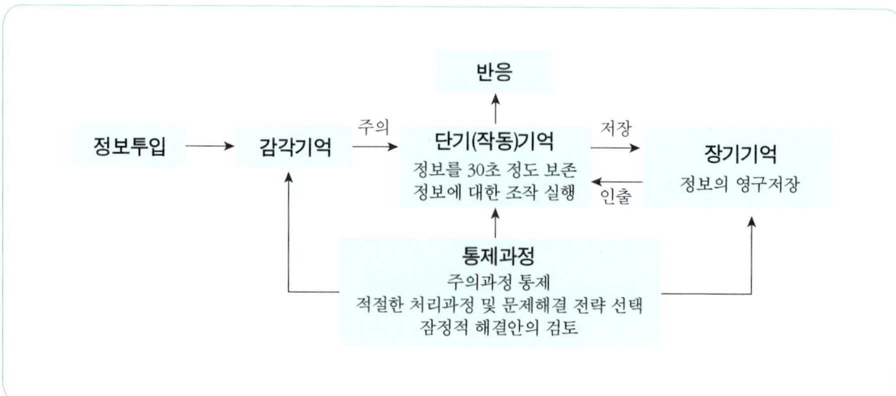

|그림 2-16| 정보처리체계 모형

5. 동물행동학적 이론

동물행동학은 찰스 다윈의 진화론에서 기원한 것으로, 다양한 종 특유의 행동들이 종의 생존 가능성을 높이기 위해 진화되어 온 것으로 보는 이론이다. 따라서 동물행동학은 진화론의 관점에서 동물과 인간의 행동을 연구하는 학문으로서 인간발달에서 생물학적 역할을 강조한다.

모든 종은 진화의 산물이며, 생물학적으로 프로그램화된 생존기제 행동을 가지고 태어난다. 예를 들면, 많은 종류의 새들이 어미 새를 따라다니고, 보금자리를 짓고, 노래하는 등의 본능적 행동을 하는 이유는 생물학적으로 프로그램화된 것으로 다윈의 적자생존의 과정에서 진화된 것이기 때문이다. 즉, 동물학자들은 종의 구성원들이 공유하는 본능적 행동에 대해 밝히고자 한다.

동물행동학자들은 동물을 학습이론의 관점에서 자극에 의해 행동을 촉진시키는 수동적인 유기체로 보는 것과는 달리 특정한 생태학적인 범위 내에서 생활하는 능동적인 유기체로 보았다. 따라서 모든 유기체의 행동패턴은 자연계의 서식지에서 관찰되어야 한다는 연구방법 입장을 취한다.

동물행동학적 이론을 대표하는 로렌츠(Lorenz)의 각인이론(imprinting theory)과 보울비(Bowlby)의 애착이론(attachment theory)을 살펴보겠다.

1) 로렌츠의 각인이론

로렌츠(1903~1989)

동물행동학의 아버지라 불리는 로렌츠(Konrad Lorenz, 1903~1989)는 오스트리아에서 태어나서 자랐다. 그의 집에서 자유롭게 노닐던 야생동물들은 로렌츠의 친구이자 관찰대상이었다. 의사였던 아버지의 소망대로 의과대학에 가서 의학을 공부했으나, 유년시절 가졌던 동물에 대한 관심과 열정을 포기하지 않고 빈 대학에서 동물학을 전공하여 박사학위를 받았다. 1973년에는 노벨 생물학상을 수상하였고, 동물행동학의 기초를 확립하였다.

(1) 각인(Imprinting)

각인은 동물이 출생 후 일정 시간 내에 어떤 대상에 노출되면 그 대상에게 애착을 형성하여 따르게 되는 현상으로, 이러한 행동은 성장한 후에까지도 영향을 미친다. 이는 어린 새들이 부화한 직후부터 어미를 따라다니는 행동으로, 새끼가 어미 곁에 가까이 있음으로써 먹이를 얻고 위험으로부터 보호를 받을 수 있게 해 준다. 로렌츠(1952)는 생애 초기 제한된 기간 내에 어미가 없다면 어미를 대신하는 다른 대상에게 각인이 일어날 수 있다고 하였다.

로렌츠(1965)는 한 관찰연구에서 어미 오리가 낳은 알을 두 집단으로 나누어 실험하였다. A집단의 알은 어미 오리가 품어서 부화하게 하였고, B집단의 알은 부화기에서 부화하게 하였다. A집단의 새끼 오리는 부화 직후부터 곧장 어미 오리를 따라다녔지만, 부화하자마자 로렌츠를 처음 보게 된 B집단의 새끼 오리들은 로렌츠를 어미처럼 졸졸 따라다녔다. 이 새끼 오리들은 로렌츠에게 애착을 형성하여 각인된 것이다.

|그림 2-17| 새끼 오리들이 세상에 태어나 처음 본 대상인 로렌츠를 따라다니고 있다

(2) 결정적 시기(Critical Period)

로렌츠는 오리 실험을 통해서 각인이란 생의 어떤 결정적 시기 동안에 일어난다고 주장하였다. 갓 깨어난 새끼 오리들이 특정한 시기 동안에 애착이라는 특정한 형태의 학습을 할 수 있었던 것은 결정적 시기에 노출되었기 때문이라는 것이다. 즉, 결정적 시기는 유기체가 특정한 시기에서만 특정한 학습을 할 수 있게 되는 중요한 기간이다.

각인은 영유아발달에 폭넓게 적용되어 온 주요 개념인 결정적 시기라는 개념을 이끌어 내게 되었다. 영유아는 제한된 시간 내에 특정한 적응행동을 습득하도록 생물학적으로 준비되어 있으므로 그러한 학습이 이루어지기 위해서 적절한 자극적인 환경이 지원되어야 한다는 것이다(Berk, 2000).

2) 보울비의 애착이론

보울비(1907~1990)

영국의 정신분석가 존 보울비(John Bowlby, 1907~1990)는 케임브리지의 트리니티컬리지에서 심리학을 전공하고, 의과대학에 들어가 의사가 된 후 정신과 의사이자 정신분석가가 되었다. 그는 1950년 세계보건기구 위탁연구를 통해 제2차 세계대전 후 어머니를 잃어 엄마와의 정서적 유대가 결핍된 채 고아원에서 성장한 영유아에게 사회성 및 정서적 문제가 있음을 발견하였다. 결국 보울비는 로렌츠의 각인현상에서 영감을 받아 동물행동학적 이론을 영유아와 어머니 간의 애착관계에 적용하였다. 즉, 생애 초기의 애착형성이 인간 본성의 가장 중요한 기본이 되고, 애착형성이 잘 되지 않으면 영유아기뿐 아니라 성인기의 여러 가지 정신질환의 원인이 될 수 있다는 애착이론을 정립했다.

초기 심리학자들이 애착을 충동이나 강화된 특성으로 생각한 데 비해서, 보울비는 애착을 선천적으로 가지고 태어나는 행동체계로서 일차적인 것으로 보았다. 할로우(Harlow, 1959)의 원숭이 실험에서 아기 원숭이가 철사로 만든 원숭이의 젖병이 아니라 부드러운 천으로 만든 원숭이 인형에게 접촉하여 위안을 얻는 연구결과는 보울비의 이론을 지지한 바 있다.

(1) 애착(Attachment)

애착은 영유아가 태어나서 자신을 돌보는 주 양육자와 맺은 강한 정서적 유대이다. 영아는 미소짓기, 울기, 빨기, 매달리기, 옹알이하기 등의 애착행동을 보인다. 애착반응들은 본능적이며 비교적 독립적으로 발달하다가 6~12개월 사이에 어머니라는 한 사람에게 초점이 맞추어져 점차적으로 여러 애착반응이 통합된다. 예를 들면, 영아가 큰 소리로 우는 울음은 어머니의 주의를 집중시키는 생물학적으로 프로그램화된 '고통 신호(distress signal)'이다. 영아는 울음을 통해 배고픔, 갈증, 불편함 등의 기본 욕구를 충족하고, 어머니와 애착관계를 형성할 수 있게 된다(Bowlby, 1973).

보울비는 영유아의 애착행동을 선천적인 사회적 신호라고 주장한다. 부모는 영아의 애착행동에 대한 반응으로 영아를 먹이고, 위험으로부터 보호하고, 건강하게 성장하는 데 필요한 자극과 애정을 쏟게 된다. 영아에게 있어 애착의 발달은 복잡하고 긴 과정으로, 영아들이 양육자와 깊은 애정적 관계를 형성하도록 이끌어 준다. 동물학자들은 이러한 현상을 인간의 진화적 유산의 일부로 보며, 정서적 표현, 공격성, 협동, 사회적 놀이 등의 영역들이 다른 영장류와도 공유하는 적응기제임을 밝혔다(Bretherton, 1992; Thomson, 2006).

보울비의 애착에 관한 연구를 통해 인간의 애착관계의 질과 유대과정에 관한 연구들이 발표되었다. 대표적으로 에인즈워스(Mary Ainsworth)의 '낯선 상황(strange situation)' 실험을 통해 밝혀진 낯가림, 분리불안과 애착의 유형에 대한 연구가 있다. 그 밖에도 영유아의 또래 간의 상호작용, 사회적 놀이, 인지발달, 공격적 행동 등에 관한 연구도 이루어졌다.

(2) 민감한 시기(Sensitive Period)

보울비(1988)는 인생에서 첫 3년이 친밀한 정서적 유대를 형성하는 데 매우 민감한 시기이고, 이 기간 동안 맺은 애착이 나중에 친밀한 인간관계를 형성하는 데 결정적으로 중요하다고 주장하였다. 영유아의 행동을 보는 관점을 새롭게 제시한 것이다.

민감한 시기는 특정 능력이나 행동이 출현하는 데에 최적의 시기이다. 영유아는 민감한 시기에 특정한 환경의 자극에 민감한 반응을 보인다. 이 시기가 지난 후에도 발달이 이루어질 수 있지만, 민감한 시기 이후에는 발달하는 데 더 오랜 시간이 걸리거나 발달이 이루어지지 않을 수도 있다.

민감한 시기의 개념과 범위는 결정적 시기보다 덜 엄격하다. 동물행동학적 관점에서는 영유아발달에는 결정적 시기가 있다고 보았지만, 인간발달에서는 민감한 시기가 보다 더 적절한 개념인 것으로 보인다(Bornstein, 1989).

6. 생태학적 이론

생태학적 접근은 인간이 생활하고 있는 가족, 지역사회, 문화 등의 생태환경이 발달과 밀접한 관련이 있다고 보고, 관련성을 보다 체계화하고자 하는 접근이다. 영유아의 발달은 진공상태에서 이루어지는 것이 아니라 환경과 사회적 영향의 산물인 것이다. 즉, 영유아는 가족, 이웃, 국가라는 여러 가지 환경 속에서 발달하며, 그 밖에도 친구, 친척, 종교단체, 학교, 미디어, 문화 그리고 세계에서 일어나는 사건에 의해서도 영향을 받는다.

생태학적 이론을 대표하는 브론펜브레너(Bronfenbrenner)의 생태학적 체계이론(ecological system theory)을 살펴보겠다.

1) 브론펜브레너의 생태학적 체계이론

브론펜브레너
(1917~2005)

러시아계 미국 심리학자인 브론펜브레너(Urie Bronfenbrenner, 1917~2005)는 6세에 미국으로 이주하였다. 신경병리학자였던 아버지가 근무하던 국립연구소는 360만 평이 넘는 농장지역에 수목이 우거져 있는 언덕, 숲, 늪지, 그리고 많은 동물들과 식물들이 자라고 있는 환경 속에 있었다. 그는 유년시절 아버지를 따라 실험실, 병동, 가게, 농장, 수목이 우거진 언덕과 숲 속으로 따라다니면서 자연현상에 대한 민감성을 갖게 되고, 생태학적 개념들의 씨앗을 틔우게 된다. 발달심리학으로 박사학위를 취득한 후 1948년에 코넬 대학의 교수가 되어 주로 인간발달을 연구하였다. 그는 미국의 소외계층 취학 전 영유아를 위한 Head Start 프로그램의 공동창설자이기도 하다.

브론펜브레너(1979)의 생태학적 체계이론에서는 유전적 요소, 가정의 역동적 환경, 학교의 또래 환경, 사회의 문화 및 매체 환경 등과 같이 다양한 요인들이 발달에 관련된다고 본다. 브론펜브레너는 영유아를 둘러싼 여러 환경 층의 영향과 복잡한 관계체계 속에서 영유아가 발달한다고 보았다.

(1) 생태학적 체계

브론펜브레너의 이론에는 다섯 가지 환경적 체계인 미시체계, 중간체계, 외체계, 거시체계, 시간체계가 있는데, 영유아를 둘러싼 미시체계에서 시간체계까지 영유아발달에 영향을 미칠 수 있는 환경 간의 관계를 설명하고 있다. 영유아가 자신을 둘러싸고 있는 환경과 상호작용을 풍부하게 할 때 긍정적인 발달을 기대할 수 있다.

① 미시체계(microsystem)

미시체계는 영유아가 일상에서 매일 직접 상호작용하거나 활동하는 직접적인 환경이다. 가정, 학교, 부모, 친구, 교사들은 영유아와 밀접하게 상호작용함으로써 영향력을 행사한다. 이 수준에서 모든 관계는 양방향적이고 상호교류적으로 이루어진다. 즉, 부모의 양육행동이 영유아에게 영향을 주는 것과 마찬가지로 영유아의 신체적 특성, 성격 및 능력도 부모의 태도와 행동에 영향을 준다.

② 중간체계(mesosystem)

중간체계는 가정, 학교, 이웃, 유아교육기관과 같은 미시체계들 간의 상호관계를 의미한다. 예를 들어, 부모가 영유아의 어린이집 생활에 관심을 가지고 상호작용해 주는 정도에 따라서 영유아가 어린이집에 적응하여 성취하는 수준이 달라질 수 있다. 이 체계들 간의 관계가 상호 긴밀하면 긴밀할수록 영유아는 순조롭게 잘 발달할 수 있으므로 영유아를 둘러싸고 있는 미시체계에서의 양육에 대해 적절히 지원할 필요가 있다.

③ 외체계(exosystem)

외체계는 영유아를 직접 포함하고 있지는 않으나 영유아에게 간접적으로 영향을 미치는 사회적 환경을 의미한다. 부모의 직장 및 건강, 지역사회의 복지 서비스, 종교시설, 교통통신 시설, 미디어, 정부기관 등이 포함된다. 외체계는 미시체계와 중간체계가 어떻게 운영되는지에 각각 영향을 준다. 예를 들어, 부모가 다니는 직장이 정확한 퇴근시간을 지키는지 아닌지에 따라 영유아의 일상생활이 달라질 수 있고, 지역사회의 놀이터나 문화시설 등이 영유아의 경험에 영향을 준다.

④ 거시체계(macrosystem)

거시체계는 미시체계, 중간체계, 외체계에 포함된 모든 요소와 더불어 영유아가 속한 문화적 환경을 의미한다. 문화는 한 세대에서 다음 세대로 전수되는 행동유형, 가치, 신념, 법, 관습을 포함한다. 거시체계는 영유아의 삶에 직접적으로는 영향을 미치지 않으나, 신념, 태도, 전통을 통해 영유아에게 많은 영향을 미친다. 예를 들어, 대한민국과 아프리카에 사는 영유아의 생태는 완벽하게 대비되는 삶을 결정한다. 영유아가 어떤 가치관과 관습을 추구하는 사회에서 성장하느냐는 영유아의 가치관과 인생관 형성에 영향을 미치므로 궁극적으로 매우 지속적이고 강력한 영향력을 미치는 체계이다.

⑤ 시간체계(chronosystem)

시간체계는 전 생애에 걸쳐 일어나는 변화와 사회 · 역사적인 환경의 변화 혹은 불변을 의미한다. 영유아가 성장하면서 겪게 되는 외적인 사건이나 내적인 사건으로, 인생의 전이(transition)에 초점을 둔다. 예를 들어, 입학, 사춘기, 이사, 입사, 결혼, 질병, 가족의 죽음 등이 있다. 이러한 전이는 전 생애에 걸쳐 일어나며 아동의 발달적 변화에 영향을 미친다(Bronfenbrenner, 1986).

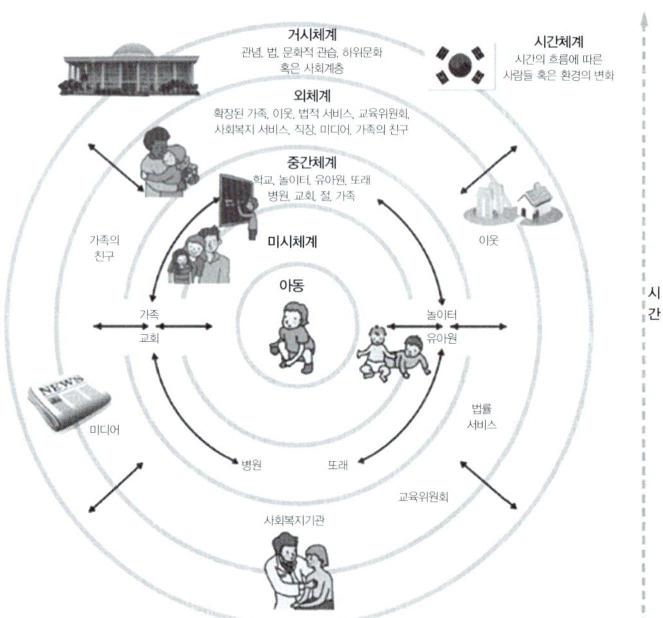

[그림 2-18] 브론펜브레너의 생태학적 체계 모델

출처 : Shaffer, D. R.(1998). Developmental Psychology : Childhood and Adolescence(5th ed.).

※ **다음 문제를 읽고 옳은 번호를 고르시오.**

1. 게젤(Gesell)의 성숙이론에 따르면, 영유아의 발달은 주로 무엇에 의해 결정된다고 보는가?

① 외부 환경과 자극
② 유전자에 내재된 성장 모형
③ 부모의 교육 방식
④ 사회적 상호작용

2. 프로이트(Freud)의 심리성적 발달 이론에서, 리비도가 성기로 집중되며 오이디푸스 콤플렉스가 나타나는 발달 단계는 무엇인가?

① 구강기 ② 항문기
③ 남근기 ④ 생식기

3. 중성 자극과 반사 반응을 일으키는 자극을 연합하는 학습의 한 형태는?

① 고전적 조건형성 ② 조작적 조건형성
③ 조직화 ④ 정교화

4. 스키너(Skinner)의 조작적 조건화 이론에 따르면, 특정 행동을 반복하도록 유도하는 자극은 무엇이라고 하는가?

① 강화인 ② 처벌
③ 조건 자극 ④ 관찰학습

5. 반두라(Bandura)의 사회인지학습이론에 따르면, 영유아가 관찰학습을 통해 행동을 습득하기 위해 반드시 거쳐야 하는 단계는 무엇인가?

① 강화, 기억, 동기유발, 학습

② 주의, 기억, 운동재생, 동기유발

③ 관찰, 모방, 실행, 평가

④ 환경, 유전자, 경험, 결과

6. 에릭슨(Erikson)의 심리사회적 발달 단계 중 청소년기에 해결해야 할 심리사회적 위기를 적절하게 표현한 것은?

① 자율성 ② 주도성

③ 근면성 ④ 자아정체감

7. 피아제(Piaget)의 인지발달이론 중 새로운 정보를 수용하기 위해 기존의 도식을 수정하는 과정을 설명하는 개념은?

① 동화(assimilation) ② 조절(accommodation)

③ 평형화(equilibration) ④ 도식(schema)

8. 비고츠키(Vygotsky)의 사회문화적 발달 이론에서, 유아가 혼자서 할 수 있는 과제와 성인의 도움으로 할 수 있는 과제 간의 차이를 의미하는 개념은?

① 근접발달영역(ZPD)

② 비계(scaffolding)

③ 자기주도성(self-regulation)

④ 자기효능감(self-efficacy)

9. 〈보기〉의 내용이 설명하는 이론은?

〈 보기 〉

어미 오리가 낳은 알을 두 집단으로 나누어 실험하였다.
A집단의 알은 어미 오리가 품어서 부화한 후 어미 오리를 따라다녔지만, B집단의 알은 부화기에서 부화된 직후 처음 보게 된 연구자를 어미처럼 졸졸 따라다녔다.

① 스키너(Skinner)의 조작적 조건화 이론
② 반두라(Bandura)의 사회인지학습이론
③ 로렌츠(Lorenz)의 각인이론
④ 브론펜브레너(Bronfenbrenner)의 생태학적 이론

10. 브론펜브레너(Bronfenbrenner)의 생태학적 체계 이론에서, 유아가 직접 상호작용하는 환경(가족, 학교 등)을 의미하는 체계는 무엇인가?

① 중간체계　② 외체계
③ 미시체계　④ 거시체계

Chapter 03

태내발달 및 출산

1. 태내발달의 단계
2. 태내환경과 영향요인
3. 출 산
4. 신생아

Chapter 03

태내발달 및 출산

1. 태내발달의 단계

1) 임 신

(1) 수정

생명이 시작되는 수정은 정자와 난자의 결합으로 나팔관에서 이루어진다. 약 2억여 개의 정자는 난자로의 이동 중 1/4이 죽고 생존기간은 24~48시간이다. 난자의 생존기간은 18~24시간 이내로 정자와 난자가 수정되면 바로 세포분열이 일어난다. 난자와 결합하는 정자는 보통 1개뿐으로, 대개의 정자는 자궁 안에 들어가기 전에 죽게 된다. 수정이 된 난자는 수정된 순간부터 표면에 두꺼운 막을 만들어 다른 정자가 더 이상 들어오지 못하게 막는다.

(2) 착상

수정란은 세포분열을 하면서 자궁 쪽으로 이동하며, 수정란의 분할을 거쳐 만들어진 배아 세포가 자궁으로 들어가 자궁내막 표면에 부착하는 것을 착상이라고 한다. 수정란이 도착하면 자궁벽은 호르몬의 변화로 인해 혈관이 두꺼워지면서 착상에 필요한 준비를 갖추게 된다. 보통 수정 후 착상까지는 일주일 정도가 걸리며, 이때부터 임신이 시작되어 태아가 성장하고 발달한다.

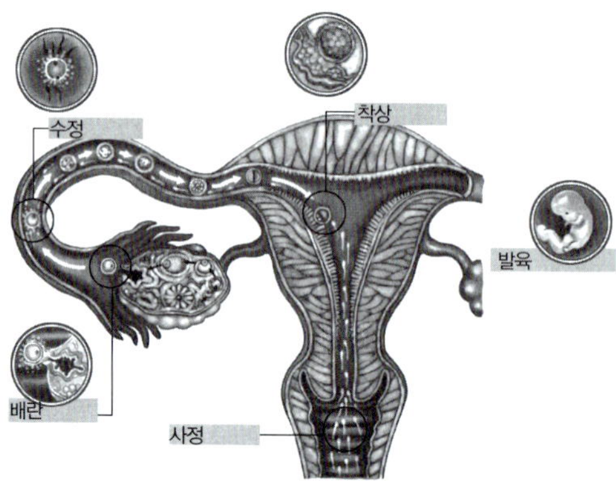

|그림 3-1| 임신의 과정

출처 : 안경숙 외(2016). 영유아발달.

(3) 성별 결정

남녀의 성을 결정하는 것은 성염색체로 사람의 성염색체는 X염색체와 Y염색체이다. 난자는 X염색체만을 가지고 있으며, 정자는 X염색체와 Y염색체 두 종류 중 한 가지를 가지고 있다. 만약 X염색체를 가진 정자와 난자가 수정되면 여자 아이가 되며, Y염색체를 가진 정자와 난자가 수정되면 남자 아이가 되는 것이다. 쌍둥이의 경우에는 한 개의 정자와 한 개의 난자가 만난 수정란이 발달 초기에 세포분열 과정에서 두 개의 배아로 분할되면 일란성 쌍둥이, 두 개 이상의 난자를 배란하고 두 개의 정자와 수정되면 이란성 쌍둥이가 된다.

2) 임신의 생리적 변화

(1) 월경의 중단

생리주기가 28일인 경우에 마지막 생리 첫날부터 14일 후인 배란기에 난소에서 배출된 난자는 나팔관 내에서 정자와 만나 수정이 된다. 이 기간이 임신 0주와 1주로, 착상이 채 이루어지지 않은 상태이기 때문에 모체는 별 변화를 느끼지 못한다. 생리주기가 규칙적인 경우 생리날짜가 예정일보다 일주일 이상 늦어지면 임신의 가능성을 생각해 보아야 하는데, 이는 수정이 되고 자궁벽에 배아세포가 착상이 되면 생리가 중단되기 때문이다. 간혹 임신 3~4개월까지도 생리가 지속되는 경우는 월경량 자궁출현이라 하여 보통 생리 때보다 출혈량이 적으며, 지속일수가 짧다. 더불어 평소에 있던 생리통과 요통이 없을 수도 있으며, 임신 중 출혈은 조기유산의 징조일 수 있으므로 각별히 주의해야 한다.

(2) 입덧, 구토

입덧은 보통 임신의 가장 대표적인 징후 중 하나로, 임신 초기에 특정 음식 등에 대해 속이 메스껍거나 소화가 잘 안 되는 것을 말한다. 임신 초기의 입덧과 구토는 임신 5주 정도에 시작해서 임신 3개월이 지나면서 서서히 사라진다. 평균 6주부터 증세가 나타나기 시작하며, 머리가 무겁고 후각에 변화가 오기 시작한다. 가벼운 구토 증상을 동반하여 이유 없이 식욕이 떨어지고 평소 좋아하던 음식이 갑자기 싫어지는 등 기호식품이 바뀌기도 한다. 메스꺼움이나 구토 등의 증세를 체한 것으로 잘못 알거나 위장장애로 생각해 약을 먹거나 내과 검진을 받는 경우가 있으므로 주의해야 한다(김미영, 2013). 임신의 징후가 있을 경우에는 시판 시약과 병원 내원을 통해 임신 여부를 확인하여야 하며, 약물 복용에 주의해야 한다.

(3) 체중 증가, 부종

자궁은 태아와 태반 및 양수를 담을 수 있는 근육주머니를 말한다. 이는 임신 기간 동안 성장하는 태아를 보호하고 기를 수 있도록 임신 전보다 몇 배로 늘어난다. 임신 14주 이후에는 외관상 알 수 있을 정도로 복부가 늘어나면서 태아가 커질 뿐 아니라 모체의 혈액 등도 늘어나면서 체중이 증가하는데 보통 10~15kg 정도 증가하는 것이 이상적이다. 임신 후반기인 8개월 이후에는 하지에 가벼운 부종 현상이 일어난다. 이러한 부종은 태아가 성장함에 따라 자궁도 확대되어 주변의 혈관을 압박하여 혈액 순환이 순조롭게 이루어지지 못하여 일어난다. 또한 임신 중 몸이 노곤하고 쉽게 피로를 느끼며 수면량이 많아진다. 아무 의욕도 생기지 않으며 이상할 정도로 피곤하고 약간의 짜증이 나기도 한다. 이는 황체 호르몬의 영향으로 생명을 잉태한 임신부의 몸을 보호하기 위해 나타나는 자연스러운 현상이라고 할 수 있다(김미영, 2013).

이 외에도 임신 초기의 미열현상, 임신선의 출현, 피부의 착색, 빈뇨 및 변비 증상 등의 임신에 의한 생리적 변화가 있다.

3) 태내발달

(1) 임신 초기(1~12주)

정자와 난자가 나팔관에서 수정이 되는 순간에 새 생명이 시작되며, 처음으로 임신을 알게 되는 시기이다. 태아는 각 기관이 형성되며 점차 사람의 모습을 갖추어 가게 된다.

■ 0~1개월

월경주기가 28일인 경우에 마지막 생리 첫날부터 14일 후인 배란기에 난소에서 배출된 난자는 나팔관 내에서 정자와 만나 수정이 된다. 임신 1개월이라고 하면 마지막 월경 시작일로부터 4주간을 말하지만 실제 임신 1주와 2주는 임신하지 않은 상태이다.

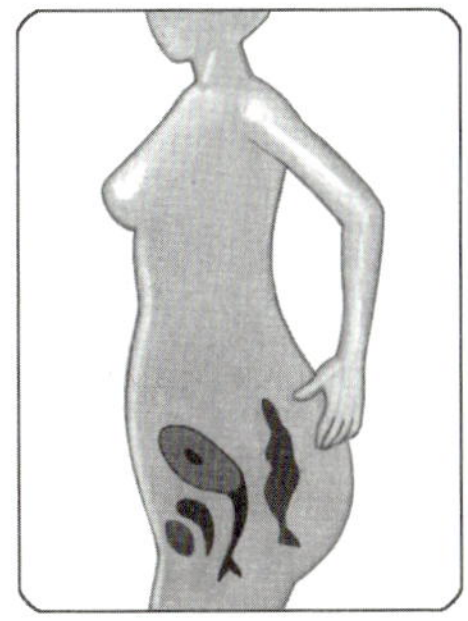

■ 2개월

이 시기의 태아는 너무 작아 초음파로 볼 수 없으며, 아직 인간의 형태를 취하기 전 모습으로 새 생명의 싹과 형태가 비슷하다고 하여 배아라고 한다. 이 시기는 인간의 발달 과정 중 성장 속도가 가장 빠른 시기인 반면, 태내환경의 영향을 가장 많이 받기 때문에 출생 시 거의 모든 결함이 결정적으로 임신 초기에 발생한다. 뇌와 신경세포의 80%가 이 시기에 분화되고 손가락, 발가락이 생기며 아주 희미하긴 하지만 눈, 코, 귀, 입 등도 커진다(김미영, 2013).

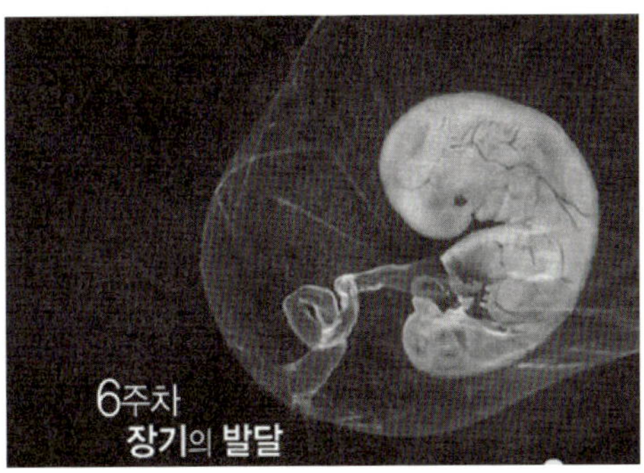

|그림 3-2| 임신 6주 차 태아

출처 : KBS1(2012). 3D 의학 다큐멘터리 태아.

■ 3개월

태아의 얼굴과 몸에 배내털로 불리는 솜털이 나서 덮이기 시작하며, 뇌가 급속도로 발달하고 머리는 다른 부분에 비해 상당히 커서 탁구공만 한 크기로 전신의

1/3 정도를 차지한다. 아직 뇌의 표면은 매끄럽고 주름이 잡혀 있지 않으며, 근육과 뼈가 발달하고, 턱에는 32개의 영구치가 될 뿌리가 들어 있다. 이전까지는 배아라고 부르다가 이 시기에 되어서야 비로소 태아라고 부를 수 있게 된다.

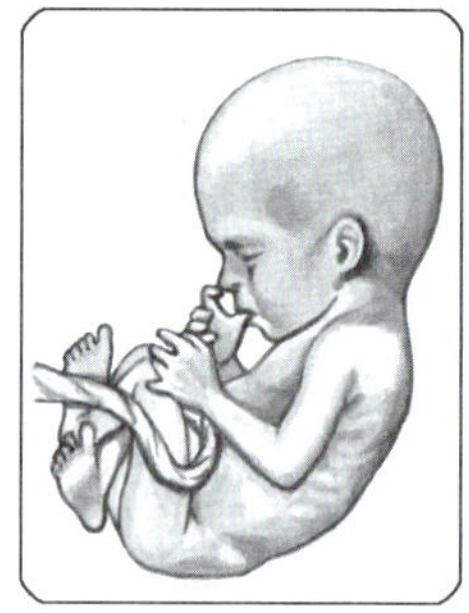

(2) 임신 중기(13~27주)

■ 4개월

이 시기가 되면 투명하게 보이던 피부가 점차 살이 오르고 심장박동이 힘차 얼굴에 붉은 기운이 감돌게 되며, 눈꺼풀은 아직 내리 덮인 채로 형태가 잡히는 중이지만 눈은 거의 형태를 갖추고 두 눈이 콧등 주변으로 모이기 시작한다. 목이 생기고 어른 턱밑 군살처럼 생겼던 바깥귀가 점차 목 윗부분으로 올라가게 되며, 이때가 되면 양수의 양도 늘어난다(13주). 점차로 태아의 피부는 지방이 증가하여 불투명하지만, 아직은 빨간빛을 띠고 있으며, 양수 속에서 태아의 움직임이 활발해져 머리를 도리도리 흔들거나 손발을 따로 움직이고, 내이가 완성되어 자궁 밖에서 나는 소리도 직접 들을 수 있으며, 신장이나 방광도 거의 완성된다(16주).

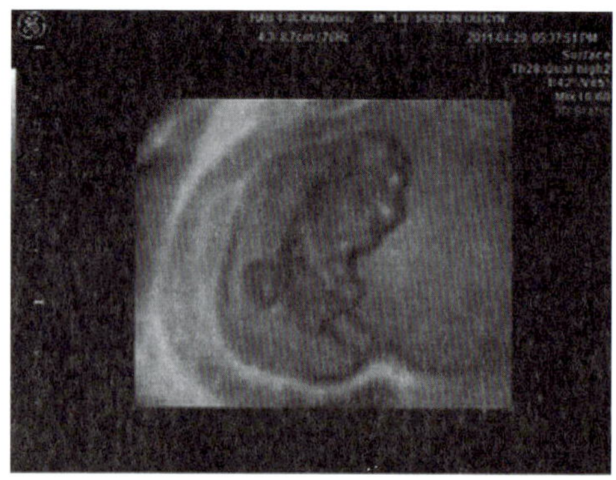

|그림 3-3| 임신 4개월 태아 초음파

■ 5개월

양수의 양이 늘어나 자유롭게 움직이므로 위치가 자주 변하고 태동이 확실해지며, 태아의 몸놀림이 활발해지면서 임신부의 배가 쿡쿡 쑤시기도 한다. 피부 표면에 피지선에서 분비되는 태지가 보이기 시작하는데, 태지는 분만 시 산도를 부드럽게 통과할 수 있는 윤활유 역할을 하며, 태아의 뇌에는 주름이 생기기 시작한다(20주).

태아의 크기는 약 16~20cm 정도이고, 무게는 약 300g가량 되며, 머리가 몸 전체의 1/3을 차지하고 심장박동 소리가 커진다. 이 시기에는 태아의 간뇌가 발달하여 엄마의 감정을 똑같이 느낄 수 있으며, 망막이 발달하여 빛의 자극에 반응도 하게 된다.

■ 6개월

이 시기의 태아는 귓속에 균형기관이 발달하기 시작하며 머리카락이 확실히 짙어지고 눈썹이나 속눈썹도 자라난다. 아직 피부색은 붉고 아주 쭈글쭈글한 모습을 하고 있으며 피부 층이 얇아 혈관 망이 환히 비친다. 한편 태아의 입속에는 어른보다 더 많은 미각 봉우리가 있어 맛에 반응하기 시작하고, 횡격막이 자극을 받아 딸꾹질을 하기도 하며 엄마는 이를 규칙적인 태동을 통해 느낄 수 있다(21주). 태아는 양수에 둥실 떠서 손발을 자주 움직이고 엉덩이와 발을 위로 추켜든 물구나무 자세를 취한다. 피부는 투명감을 잃고 완연히 불투명해지며 불그스름한 빛을 띤다. 그러나 아직 지방이 축적되지 않아 피부 표면은 쭈글거린다. 성기가 발달하지만 아직 남아의 고환은 복부에 있고 여아의 대음순은 미완성 상태이다(24주)(아가사랑 agasarang.org 일부 수정함).

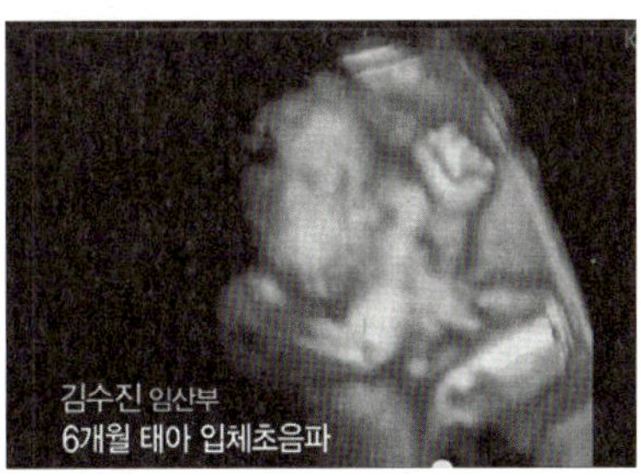

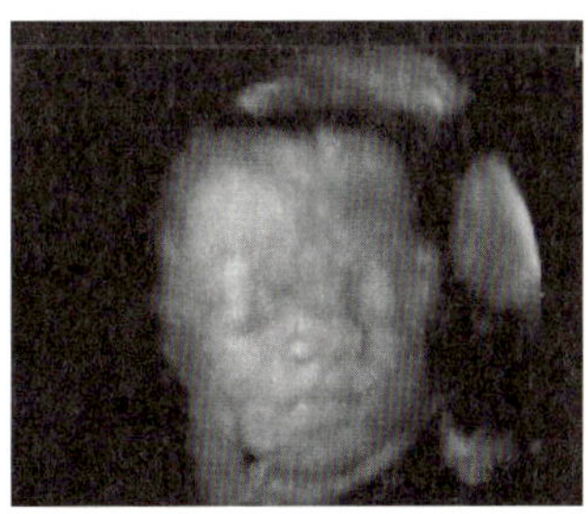

|그림 3-4| 임신 6개월 태아 초음파

출처 : KBS1(2012). 3D 의학 다큐멘터리 태아.

■ 7개월

상하가 붙어 있던 눈꺼풀이 위, 아래로 갈라지며, 아직 눈은 보이지 않지만 엄마가 보내주는 멜라토닌이라는 물질의 증감을 통해 뇌에서 명암을 느낄 수 있다. 아직 몸통은 가느다랗지만 팔과 다리가 길어져 머리와 몸통의 비율이 어느 정도는 정상적으로 변하게 된다. 입을 벌려 양수를 마시고 뱉는 일이 자주 있으며, 탯줄이나 손가락이 입 근처에 있으면 반사적으로 얼굴을 돌리며, 손가락을 빨기도 한다(25주). 태아의 크기는 35cm, 체중은 1kg 정도이며, 아직 얼굴에는 주름이 많아 마치 노인 같은 표정이며 피부를 덮고 있는 솜털과 같은 배내털은 모근 방향에 따라 비스듬하게 결을 이룬다. 폐포의 발달로 폐포 주위에는 태아에게 필요한 산소를 흡수하고 이산화탄소를 방출할 혈관이 엄청난 숫자로 늘어나며, 콧구멍이 열려 태아는 스스로 얕은 호흡을 하고 소리도 낸다. 사람으로서 기능을 할 만큼 성장해 가지만, 아직 그 발달이 미숙하여 조산할 경우 밖에서 생활하는 것은 거의 불가능하다(27주).

(3) 임신 후기(28~40주)

■ 8개월

얼굴은 아직 주름투성이지만 몸엔 피하지방이 붙기 시작해 주름이 줄어든다. 그동안 꾸준히 발달해 온 청각이 이 시기가 되면 거의 완성되어 엄마의 몸 밖에서 나는 신기한 소리에 몸을 긴장시키거나 놀라는 일이 생기며, 화내는 소리나 시끄러운 소리는 완연하게 싫어하고 편안한 음악이나 엄마의 목소리를 좋아한다. 시각도 발달해 밖에서 강한 빛을 쪼이면 움찔 놀라는 등 반응을 보이게 된다(28주). 태아의 크기는 40cm, 체중은 1.5kg 정도가 되며, 몸에 살이 붙은 태아는 피하지방이 적어 주름투성이긴 하지만, 얼굴도 형태가 뚜렷해진다. 골격이 거의 완성되고 뇌 세포와 신경 순환계가 연결되어 활동하기 시작하며, 기억력이나 감각능력이 훨씬 잘 발달하게 된다. 양수의 양은 최대로 늘어나지만 아기도 커져 움직일 공간이 적어져 동작이 둔해지며, 스스로 체온을 조절하고 호흡할 수 있어 조산해도 생존할 확률이 높은 편이다. 그러나 아직 피하지방이 부족하고 각 기관이 충분하게 발달하지는 못해 인큐베이터의 도움을 통해서라야 생존이 가능하다(31주).

■ 9개월

피부색은 피하지방이 늘어나 붉은 기운이 옅어지고 포동포동해지며 예뻐진다. 장기도 거의 발달하여 피부의 털도 거의 사라진다. 손톱은 손가락 끝에 닿을 만큼 자라나 발톱은 아직 덜 자란 상태이며, 머리카락의 숱이 꽤 많이 늘어 있다. 태아 체내의 모든 호르몬 분비선들이 거의 어른과 비슷한 크기로 자란다(33주). 내장기능도 원활해지고 살이 오르며 근육도 제법 발달한다. 출산 시기가 가까워져 오며 머리를 점차 골반 안으로 집어넣게 되는데, 이렇게 되면 몸이 고정되어 태아는 움직임이 점점 둔해지게 된다. 태반을 통해 모체로부터 질병에 대한 면역력이 전달되며 태아는 탄생을 기다리게 된다(36주).

■ 10개월

몸은 완전한 4등신이며 신생아와 거의 차이가 없는 얼굴 모양을 갖게 된다. 스스로 체온 조절을 할 정도로 지방층이 충분히 갖추어져 있으며, 출생 후 얼굴을 긁어 상처를 입히지 않도록 손톱을 잘 감싸주어야 할 만큼 손톱이 길게 자라고 머리카락도 3cm 정도로 자라 있다. 밖에서의 생활에 대비해 효소와 호르몬을 저장하며, 40분 주기로 잠자고 깨어있는 시간의 리듬이 생긴다(38주). 키는 약 50cm, 체중은 약 3,000g, 머리둘레는 약 34cm로, 큰 배 5개 정도의 무게가 된다. 피부에 윤기가 있고 핑크빛이며 태지도 그리 많지 않다. 포동포동하고 피부에는 윤기가 흐르고, 소리, 냄새, 빛, 촉감에 반응할 수 있을 만큼 전 영역에 걸쳐 반사작용을 지니게 된다. 눈썹도 분명하며 사지를 활발하게 움직이고 배뇨, 배변도 하게 된다(39주).

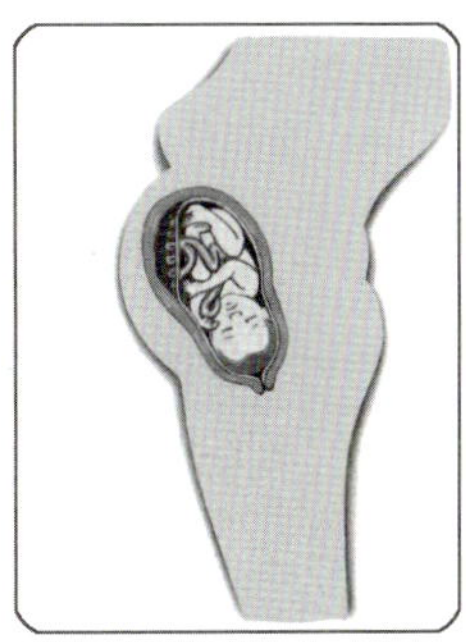

출산이 임박하면 임신부의 몸은 다음의 증세가 나타난다. 피가 섞인 이슬이 비치고 규칙적인 진통이 시작된다. 이슬이 비치고도 2~3일, 길게는 일주일 후에 출산을 하는 경우도 있지만, 대개 자궁구가 열리는 순간 파수가 되기도 하며, 진통이 시작되기도 전에 파수가 이루어지기도 하므로 소변인지 파수인지 판단이 서지 않을 때는 바로 병원으로 가서 진찰을 받아야 한다(40주).

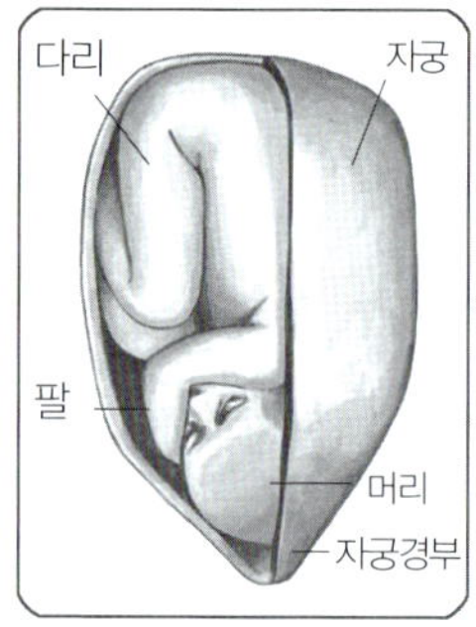

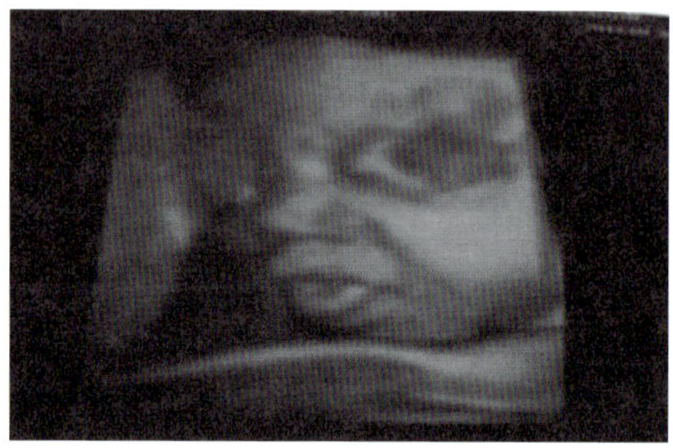

|그림 3-5| 임신 10개월 태아 초음파

|그림 3-6| 임신 10개월 산모

2. 태내환경과 영향요인

태내환경은 태아에게 결정적 영향을 주며, 적절하지 못한 환경을 제공할 경우 태아에게 심각한 결함을 줄 수 있다.

1) 연 령

출산에 적합한 어머니의 연령은 대체적으로 23~28세로 알려져 있으며, 35세 이후는 노산으로 분류한다. 노산의 경우에는 모체의 난세포가 노화되어 난자의 염색체에 이상이 생길 수 있어, 다운증후군의 발생률이 현저하게 증가한다. 최근에는 건강한 여성들이 임신을 늦추는 것이 크게 위험하지 않다는 보고도 있다. 그러나 노산의 경우에는 임신중독증, 전치태반, 난산, 염색체 수 이상으로 인한 다운증후군 등 유전적 결함을 가진 태아가 출생할 가능성이 높다(Berk, 2002). 또한 10대 임산부의 경우에도 자궁이 완전하게 발달되지 않아 미숙아와 저체중아가 태어날 가능성이 높으며, 신생아의 사망률이 높은 편이다(우수경 외, 2013). 비정상적인 10대 산모는 심리적 불안감, 영양부족, 건강문제가 야기되어 저체중아, 지체아 출산이나 출산 시 태아의 결함이 생길 가능성이 높다(이유미 외, 2014).

2) 약물복용

약물복용은 그 종류에 따라 안전한 약물도 있지만 태반을 통해 태아에게 전달되어 심각한 영향을 미치는 약물도 있다. 임신부의 약물복용은 태아발달에 밀접한 영향을 주므로 의사의 처방을 따르는 것이 매우 중요하다. 임신 중 약을 먹으면 약 성분이 탯줄을 통해 태아에게 전달되며, 태아는 모든 장기가 미숙한 상태이므로 약물의 대사나 배설이 이루어지지 않는다. 따라서 임신부가 복용한 약의 성분이 태아의 몸에 그대로 축적된다. 대체적으로 임신부의 약물복용은 임신 3개월까지 태아에게 영향을 미치며, 임신 15주 이후에는 태아가 약으로부터 받는 영향이 크게 줄어든다. 그러나 임신 15주 이후의 임신부의 약물복용이 태아에게 절대적으로 안전하다고는 할 수 없으므로 사소한 증상이라도 전문의와 상담하여 약을 복용해야 한다. 일반적으로 태아에게 영향을 미치는 약물은 다음과 같다.

〈표 3-1〉 태아에게 영향을 미치는 약물

약물	영향
항생제	미숙아 출산, 골격성장 저해, 청각결함
아스피린	혈액질환, 저체중아 출산
환각제	정서불안, 운동기능 장애, 심장 및 언어 장애
신경안정제	기형아 출산, 신생아 호흡장애
성호르몬제	미숙아 출산, 유산, 저체중아 출산
피임약	염색체 이상, 심장이상
카페인	유산, 저체중아 출산

출처 : 이숙재 · 이봉선(2008). 영유아의 발달과 교육.

임신 가능성이 있는 여성과 임신부는 아스피린, 수면제, 카페인, 각종 감기약 등 약물 복용은 가급적 자제해야 한다. 미처 임신부들이 임신 사실을 인식하지 못하고 피임약을 복용하는 경우가 있는데, 이러한 경우에도 태아가 염색체 이상을 나타낼 확률이 높다. 약물 복용 시에는 반드시 의사로부터 올바른 처방을 받는 등 신중을 기해야 한다.

3) 흡연, 음주

임신부의 흡연 및 음주는 태아발달에 치명적인 영향을 준다. 임신부의 흡연은 모체의 혈액산소량을 줄이고 일산화탄소를 증가시켜 태아의 산소공급을 저해함에 따라 저체중아 출산, 뇌결함, 구개파열, 작은 두개골, 유산이나 조산을 초래한다. 또한 흡연한 임신부의 아기는 비흡연 임신부의 아기에 비해 청각적 자극이나 주변 환경 자극에 대한 반응이 느리며 근육의 긴장을 보이는데, 이러한 특성은 양육자에게 상호작용을 유발하지 못함으로써 심리발달을 저해할 가능성이 있다. 또한 종단연구 결과, 이러한 아동들은 유아기에 주의집중 간격이 짧고 지능지수가 낮은 것으로 나타났다(조성연 외, 2006).

임신 중의 음주는 태아에게 좋지 않은 영향을 주며, 알코올을 대사하기 위해서는 산소가 많이 필요하므로 뇌와 신체 부위의 세포 성장에 필요한 산소를 태아에게서 빼앗아 간다. 따라서 알코올 중독을 보이는 임신부의 태아는 태아알코올 증후군이 나타난다. 태아알코올 증후군의 아기는 얼굴, 팔다리, 심장에 기형이 나타나며 지적장애와 주의집중력의 결핍, 과잉행동장애를 보인다. 또한 태아알코올 증후군의 80% 이상의 아기들이 뇌 발달이 저해되어 뇌가 작고, IQ 65~70 정도의 지적장애를 보이는 되는 경우가 많다(Berk, 2000).

4) 모체의 질병

모체의 여러 가지 질병은 임신부의 건강 및 태아발달에 큰 영향을 주며, 특히 임신 초기에 특별한 주의가 요구된다. 임신부의 갑상선 저하증을 치료하지 않을 경우 산과적 합병증이 증가한다. 임신 중의 갑상선 저하증은 상대적으로 흔한데, 여성의 약 4%는 갑상선 질환으로 고생하거나 갑상선 관련 약물을 복용한다. 임신부가 갑상선 저하증인 경우 태아 사망, 임신성 고혈압, 조기 태반 박리가 발생하거나 주산기 예후가 좋지 않게 나타나는 등 산과적 합병증이 증가한다. 임신 12주는 되어야 태아가 갑상선 호르몬을 만들어 내며, 이때까지는 모체의 갑상선 호르몬 수치에 절대적으로 의존한다. 갑상선 저하증을 치료하지 않아 갑상선 자극 호르몬이 증가하여 있던 여성이 낳은 어린이들은 정상 여성이 낳은 어린이보다 IQ가 7 정도 더 낮은 것으로 나타났다. 따라서 계획임신을 하여 임신 전에 병원에 가서 간단한 검사로 갑상선 저하증을 진단하고 치료한다면 건강한 아기를 낳을 기회를 더 많이 얻을 수 있을 것이다. 또한 갑상선 항진증이 있는 여성들은 임신이 잘 안 되어서 수태율이 감소하며, 임신 중 태아에 미치는 영향은 저체중증이나 성장 부진, 조기 진통, 유산, 사산, 신생아 사망 등이며, 모성 사망의 발생률도 증가한다. 그리고 임신부가 갑상선 항진증을 잘 조절하지 못했을 때 기형발생 위험률도 더 높아진다. 따라서 임신 전후 복용하는 갑상선 약의 양을 잘 조절해야 한다.

인슐린 처방이 필요한 당뇨병이 있는 임신부는 수정 전에 혈당을 적극적으로 관리하고 치료해야 한다. 임신 초기 배아는 고혈당에 의해 기형이 발생하기 쉬워서, 혈당이 잘 조절되지 않으면 신경관 결손증, 선천성 심장 기형, 신장 기형이 최고 5배까지 증가한다. 또한 임신 중에도 혈당 조절을 잘해야 출산 시 체중이 4kg 이상인 거대아 출산에 따른 출혈, 산도 손상, 아기의 손상을 막을 수 있다.

임신 중 고혈압 증상은 전체 임신부의 약 5~7% 정도에게 나타난다. 원인을 아는 경우는 약 10% 정도에 불과하고, 대부분은 원인을 잘 모르는 본태성 고혈압으로, 혈압은 임신 중 모성 사망의 중요 원인이며 조사, 조기 태반박리, 자궁 내 성장 부진, 사산, 유산, 저체중아 출산과 관련이 있다. 고혈압이 있는 여성은 임신 중의 뇌출혈, 심근경색증, 심부전증을 일으킬 수 있고 신장 기능에 이상을 초래할 수 있다. 고혈압 환자는 경우에 따라서 임신 자체를 삼가는 것이 좋은 경우가 있다. 예를 들면, 약물 치료 중인데도 확장기 혈압이 110mmHg 이상이거나, 2가지 이상의 고혈압 약을 복용해야 하는 경우, 혈중 크레아티닌 수준이 2mg/dℓ 이상인 경우 등이다. 또한 절대적으로 임신을 삼가야 하는 경우는 뇌혈전증, 뇌출혈, 심근경색, 심부전증이 있었던 경우이다. 따라서 반드시 임신 전에 신장, 간, 심장 기능에 대한 평가를 받아야 한다.

심장질환은 전체 임신부의 최고 4%에 이르며, 모성 사망의 주요 원인으로 임신 중의 극적인 심혈관 변화는 심장병이 있는 임신부들에게는 중대한 위험 요인이 된다. 따라서 이들 여성의 웰빙 임신과 건강한 아이를 위해서는 임신 전 적절한 상담과 관리가 필요하다.

임신 3개월 이전에 모체가 풍진에 감염된 경우에는 시각장애나 청각장애, 지적

장애 등을 유발할 확률이 높으며, 모체가 임질이나 매독에 감염된 경우에는 감염된 태아의 30%는 출산 이전에 사망하며 그렇지 않은 경우에도 기형아나 시각장애를 초래한다. 이 외에도 모체의 B형 감염, 자궁근종, 신장병 등도 태아에게 영향을 준다.

5) 모의 영양상태

모의 건강한 영양섭취는 대개 10~13kg의 체중 증가를 가지고 오며, 이는 모체와 아기의 건강을 위해 필수적이다. 태아는 출생 시까지 성장에 필요한 모든 영양분을 전적으로 어머니에게 의존하므로 임신부의 임신 기간 중 영양상태는 매우 중요하다. 영양이 부족한 임신부에게서 태어난 아기는 발달이 저조하며, 특히 뇌의 발달이 이루어지는 임신 초기의 영양결핍은 뇌와 신경계의 발달에 지장을 초래하고, 이 시기에 영양부족이 심하면 영양결핍을 회복하기가 더욱 어려워진다. 또한 모체의 영양이 부족한 경우 유산과 사산의 가능성이 높으며, 출산 후 아기가 신체적으로 기형이 될 확률이 높다.

임신 중에는 적정한 체중을 유지하고 영양소 섭취를 위해 균형 잡힌 식사를 지속적으로 해야 한다. 특히 단백질, 철분, 칼슘, 미네랄 등 필수영양소를 섭취하여 건강한 영양상태를 유지하여야 한다. 임신 초기에는 엽산을, 임신 중기부터는 태아가 모체의 철분을 흡수하여 자신의 혈액을 만들기 시작하므로 철분을 충분히 공급하여야 한다.

6) 정서적 스트레스

임신부의 분노, 공포, 불안과 같은 정서는 자율신경계에 영향을 주고, 아드레날린 호르몬의 분비를 촉진하여 태반을 통해 태아에게 영향을 미친다. 또한 임신부의 심각한 불안상태가 장기간 지속될 경우 자연유산, 출산의 어려움, 조산아, 순환계 장애아 출산, 기형아 출산의 가능성이 높다. 임신부의 스트레스는 조산을 유발하며, 음주나 흡연, 약물복용을 초래하기도 한다(홍순옥 외, 2013). 정서적으로 안정되지 못한 어머니에게 태어난 아기는 과잉행동을 보이거나 성급한 성격적 특성을 지니며, 소화기 장애를 보이는 것으로 나타났다. 그 밖에도 임신 중에 이혼, 남편이나 자녀의 사망 등 큰 충격을 받게 되면 유산, 조산이 유발될 수 있다. 그러므로 임신부는 편안하고 안정적인 정서상태를 갖도록 노력해야 하며, 다른 가족 구성원들이 이를 위해 협조하고 노력하는 자세가 필요하다(우수경 외, 2013).

일상생활 속에서 임신부가 스트레스를 조절하기 위한 대처방안은 다음과 같다.

- 가족 및 직장 동료에게 도움 청하기 : 가족 및 직장 동료에게 임신한 사실을 알리고 너무 많은 일을 혼자서 하지 않도록 한다.
- 완벽을 추구하기보다는 편안함을 추구하기 : 평상시 완벽함을 추구하는 성격이라도 임신을 하였을 경우에는 모든 일에 대한 기준을 조금은 낮추고, 쉴 새 없이 하는 집안일에서도 잠시 여유를 갖도록 한다.
- 적당한 휴식을 취한다 : 집안일과 직장 일을 하는 중간에 두 번 정도는 편안한 자세로 휴식을 취하도록 한다. 잠이 부족하거나 피로가 있을 경우에는 낮잠을 통해 재충전의 시간을 갖도록 한다.
- 규칙적인 운동하기 : 산책, 걷기 등 공기 좋은 곳에서 가벼운 운동을 규칙적으로 하며, 명상과 심호흡, 요가, 스트레칭을 통해 신체와 정신 건강을 유지하도록 한다.
- 규칙적인 생활하기 : 규칙적인 식습관과 수면 시간을 가지며, 건강한 상태를 유지하도록 한다.
- 전문가의 도움 받기 : 정서적 스트레스로 인한 우울증 등 정신적 문제가 나타나면 전문가의 상담을 통해 초기에 치료하도록 한다.

7) 유산, 난임 등 기타 이상 발생

자연유산은 임신 20주 이내에 태아가 사망하는 것으로 전체 임신의 10~15%가 해당된다. 특히 80% 이상의 유산이 임신 12주 이내에 일어나므로 각별한 주의가 요구된다.

자연유산은 월경 시작일을 기준으로 하여 임신 20주가 되기 전에 인위적인 원인 없이 임신이 지속되지 못하고 중단되는 것으로, 임신 초기에 나타나는 불완전유산(태아나 임신 조직이 일부 모체의 밖으로 배출되고 일부는 자궁 내에 남아 있는 경우), 완전유산(태아나 임신 조직이 모두 자궁 밖으로 배출된 경우), 계류유산(태아가 사망한 상태로 임신 조직이 장시간 자궁 내에 그대로 남아 있는 경우) 외에도 어느 정도 성장한 태아가 자궁 내에서 사망하는 경우도 임신 20주 전에 일어났다면 자연유산에 포함된다. 한편 반복유산이란 자연유산이 반복적으로 발생하는 특수한 상황을 말하는 것으로, 대부분의 연구자들은 연속적인 3회 이상의 자연유산으로 정의하지만 유산과 출산이 혼재하는 경우도 3회의 자연유산이 있으면 반복유산으로 분류하기도 한다. 때로는 2번의 연속적인 자연유산만 있어도 반복유산으로 보는 연구자들도 있다. 그렇지만 간헐적인 유산과 반복적인 유산은 그 원인과 병리(병이 발생하는 일련의 과정)에 있어 다소 차이가 있다고 알려져 있다. 자연유산의 원인이 다양하듯이 반복유산의 원인도 무척 다양하며, 이들 원인을 대별하면 유전적 요인, 해부학적 요인, 내분비적 요인, 감염적 요인, 혈전형성 요인, 면역적 요인, 기타로 분류할 수 있다. 이 중에서 확실한 원인으로 알려진 것은 유전적 요인과 혈전형성 요인이 원인인 경우이며, 나머지 요인들에 대해서는 다소 논란의 여지가 있다. 일반적으로 원인이 불명확한 경우가 전체의 50%에 이른다는 주장도 있으나 이들의 대부분이 면역이상에 의한 유산(면역학적 요인)으로 추정되고 있다.

난임에 관한 한 여성의 원인이 남성보다는 복잡하다고 할 수 있다. 남성의 원인은 정자의 생산 여부나 정자의 기능 등에만 초점이 맞추어진 데 비해서 여성의 경우에는 정자가 가장 먼저 통과하는 자궁 경관의 이상, 단순한 경관 이상이라기보다는 경관 이상을 일으키는 여러 가지 질환들이 있을 수 있으며, 정자와 난자가 만나는 나팔관 장애 역시 나팔관 이상을 일으키는 수많은 원인들이 있을 수 있다. 배란 장애는 배란에 직접 작용하는 난소 자체의 이상뿐만 아니라 뇌를 비롯하여 전신이 배란과 관계된다 할 정도로 복잡한 원인으로 이루어져 있다. 여성에 의한 난임의 원인은 크게 배란 장애, 나팔관 이상, 자궁 이상, 복강 내 이상 등의 네 가지로 분류된다.

8) 기 타

방사능과 환경오염은 태아에게 치명적인 영향을 줄 수 있다. 방사능은 DNA, 정자와 난자를 손상시켜 유전인자의 변화를 초래하며, 이로 인해 유산 또는 태어난 아기의 신체 기형이나 지적장애아 출산을 유발하게 된다. 산업적인 방사능 노출과 더불어 병원에서의 잦은 X-ray 촬영도 방사능 노출로 인해 소아암을 발생시킬 수 있다. 또한 사회가 산업화되면서 화학물질 사용이 증가하여 환경오염으로 인한 위험에도 노출되고 있다. 매연, 수은, 화학 폐기물, 납 등에 임산부가 노출되면 저체중아, 뇌손상, 기형아 등이 태어날 수 있다.

3. 출 산

1) 출산을 알리는 징후

분만 전에 주로 세 가지 증상이 나타나며, 이 증상은 반드시 순서대로 나타나는 것은 아니다. 주의해서 관찰해야 할 출산을 알리는 징후 세 가지는 다음과 같다(임신육아종합포털 아이사랑, www.childcare.go.kr).

■ 진통

규칙적인 수축현상이 등 하부에서 앞쪽 배까지 옮겨가는 증세가 나타나며, 이 증상은 산도를 통해 태아가 나오기 쉽도록 하기 위해 수축하기 때문에 발생한다. 어떤 여성은 복부통증만 느끼거나 등뼈 수축만을 느낄 수도 있다. 분만 시 수축현상은 규칙적으로 나타나며, 보통 부분적으로 15~20분 간격으로 30~45초간 지속된다. 그러다가 60초 정도 지속되는 수축이 자주 일어나는데, 이때에는 조금 걷거나 누워 있어도 진통이 없어지지 않는다. 이 자궁수축은 태아를 산모의 자궁경관으로 밀어내는 것으로 자궁경관이 팽창하고 열리는 데 도움을 준다. 통상적으로 출산 전에는 자궁경관이 포도알만큼 열리는데, 초산인 경우에는 대부분의 의사들은 수축현상이 규칙적으로 5분간 계속되면 병원으로 오도록 하며, 초산이 아닌 경우에는 진통 정도가 바로 전 아이를 출산할 때와 유사하게 나타난다. 경산인 경우에는 수축현상이 빈번히 일어날 때까지 기다리지 말고 병원을 찾는 것이 바람직하다.

■ 이슬

진통 전에 보이는 소량의 출혈을 이슬이라고 하는데, 자궁경관이 열리고 태아를 싸고 있는 양막과 자궁벽이 벗겨지면서 일어나는 현상으로, 이슬은 일반 출혈과 달리 혈액이 섞인 점액처럼 끈적끈적해서 쉽게 구별할 수 있다. 이는 출산이 시작되었음을 알리는 신호이기는 하지만, 출산까지는 아직 시간적인 여유가 있으므로 침착하게 입원 준비를 한다.

■ 파수

태아와 양수를 싸고 있는 난막이 찢어지면서 양수의 일부가 흘러나오게 되는데, 자궁구가 열리는 시기에 파수가 되지만 때로는 진통이 시작되기 직전에 이루어지는 경우도 있다. 임신부 10명 중 2~3명이 진통이 시작되기 전에 양수가 먼저 터지는 조기파수를 경험하며, 양수가 터지면 곧 의사에게 알려야 한다.

이 외의 출산을 알리는 징후로는 태아가 골반 안으로 내려가 눌려 있던 위장이 부담을 덜 받게 되면서 위 주위가 가벼워진다. 또한 자궁수축 운동이 심해져 배가 자주 당기며, 허리와 등이 아프기도 하고 아랫배가 단단해지면서 약한 진통을 느끼기도 한다. 태아는 세상 밖으로 나오기 위해 골반으로 들어간 상태이기 때문에 움직임이 줄어든다. 따라서 태동을 거의 느끼지 못하게 되는데, 태동이 전혀 느껴지지 않는다면 왼쪽으로 누워 잠시 동안 휴식을 취하면 미약하나마 태동을 느낄 수 있다. 만약 이렇게 했는데도 아기의 움직임을 전혀 느낄 수 없다면 빨리 진찰을 받도록 한다. 엄마 배 밑으로 내려온 태아가 방광을 누르기 때문에 소변을 자주 보게 되며, 아기의 머리 부분이 아래로 내려가 골반 속으로 들어가서 겉에서 보면 배가 아래로 축 처져 있는 모양을 하고 있다. 이 시기가 되면 전 달에 비해 숨쉬기도 편하고, 몸도 약간 가벼워지는 것을 느낄 수 있다. 출산이 가까워오면 몸이 잘 붓고, 얼굴도 푸석푸석해진다. 혈액량이 늘어나면서 묽어지는 것은 커진 자궁이 혈액 순환을 방해하기 때문인데, 이런 증세를 막기 위해 다리나 팔 등을 마사지하고 가볍게 샤워를 한다. 만약 붓는 정도가 심하고 잘 가라앉지 않는다면 부종이 의심되므로 의사의 진찰을 받아야 한다.

2) 분만과정[1]

(1) 분만 제1기 : 진통기

자궁경부가 팽창하고 확대되는 준비기로 개구기라고도 하며, 진통은 자궁경부를 열기 위하여 자궁이 규칙적으로 수축되기 때문에 나타난다. 진통이 있게 되면 자궁 모양의 변화가 일어나는데, 타원형의 자궁 모양이 약 5~15cm 정도 길어지게 되고 동시에 자궁의 좌우직격이 감소하여 태아의 척추를 곧바로 펴지게 하며, 자궁수축이 계속되면서 자궁 내부의 압력을 높여 태아를 아래로 밀어 내린다. 출

1) 아가사랑 홈페이지(agasarang.org) 참조.

산이 시작되면 자궁경관은 태아가 잘 빠져나올 수 있도록 부드러워지고 단단하게 닫혀 있던 자궁구가 조금씩 열린다. 이때 양수와 점액은 태아가 산도를 좀 더 편안하게 통과하도록 도와주며, 자궁구는 2~3cm 열리고 머리가 나올 수 있을 때까지(10cm) 진통이 계속된다. 진통은 10~20분 간격으로 시작하여 마지막 무렵에는 3~5분 간격으로 오며, 점차 강도가 심해진다. 자궁구가 완전히 열리는 데 걸리는 시간은 초산부가 대략 8시간, 경산부는 5시간이 걸리지만 임신부에 따라 차이가 있다.

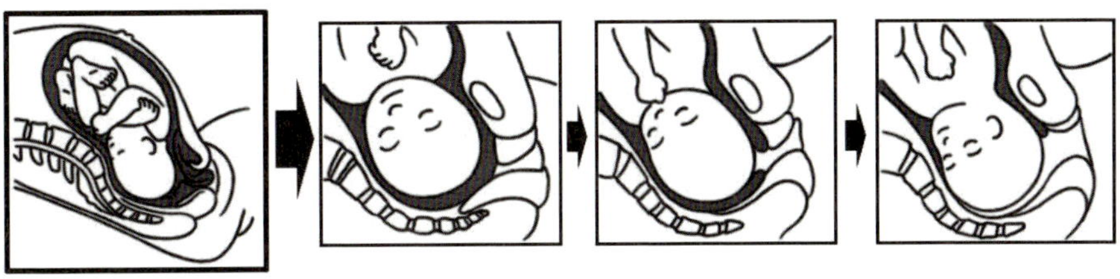

|그림 3-7| 진통기 과정

(2) 분만 제2기 : 출산기

자궁경부가 완전히 열린 때부터 신생아가 모체 밖으로 나올 때까지의 단계를 분만기 또는 만출기라고 한다. 자궁경부가 완전히 열리면 신생아는 산도를 따라 내려오고 산모는 자궁이 수축할 때마다 복근을 사용하여 신생아를 밀어낸다. 이런 과정을 거쳐 일단 머리가 자궁의 입구에 도달하게 되면, 얼굴이 아래로 향한 자세로 신생아의 머리부터 나온다. 머리가 나오면 신생아는 어깨와 신체 나머지 부분이 저항을 덜 받도록 얼굴을 옆으로 돌린다. 만약 신생아의 발이나 엉덩이가 먼저 나오거나 신생아의 얼굴이 산모의 복부 방향으로 향하고 있는 경우 신속히 특별한 처치를 해야 한다.

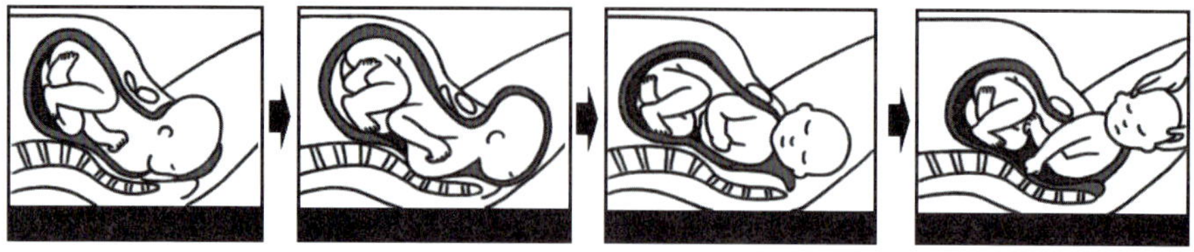

|그림 3-8| 출산기 과정

(3) 분만 제3기 : 후산기

태아출산 직후부터 태반 및 태아막이 배출되는 시기로 후산기 또는 태반분리기라고 한다. 출산 후 자궁은 그 내용물의 감소에 따라 자연수축이 일어나고, 태반은 보통 10~20분 내로 나온다, 태반이 나올 때는 가벼운 진통이 다시 생기므로 산모가 다시 배에 힘을 주면 태반이 나온다. 신생아의 생명줄인 탯줄은 신생아가 태어나면 바로 겸자로 집은 후 그 사이를 잘라준다. 이렇게 태반과 탯줄까지 모두 나와야 분만 3기가 끝난다.

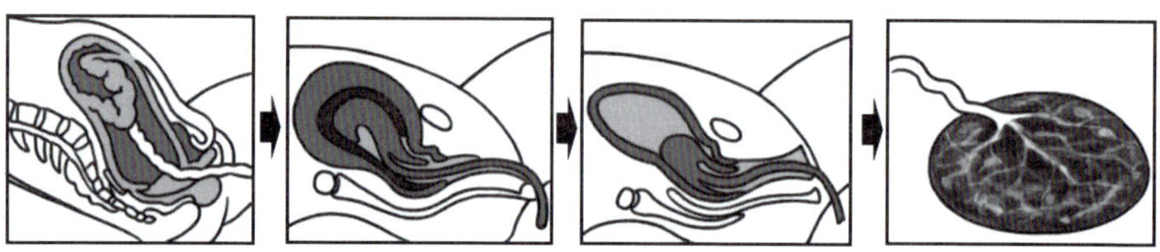

|그림 3-9| 후산기 과정

3) 분만방법

(1) 자연분만

산모의 몸에 특별한 이상이 없고 태아도 건강하면 진통이 올 때까지 기다렸다가 정상적인 분만으로 진행하며, 질을 통해 신생아를 분만하는 정상분만을 자연분만이라고 한다. 앉은 자세로 신생아를 낳는 자연분만도 있지만 대부분의 많은 사람들은 침대 위에서 누운 자세로 낳는 것을 자연스럽게 여기고 있다. 자연분만은 자궁이 수축되면서 신생아의 폐를 활성화하는 작용을 해주므로 신생아의 호흡에 매우 중요한 영향을 미친다. 자연분만을 하더라도 신생아가 쉽게 나오도록 회음부 절개를 하고, 진행이 멈추면 진통촉진제를 사용하기도 하며, 신생아의 머리가 보이는데도 좀처럼 나오지 않으면 겸자를 이용해 꺼내는 겸자분만이나 흡인기를 사용하는 흡입분만을 하기도 한다.

(2) 제왕절개

제왕절개 수술은 정상분만이 불가능하다고 판단될 때 배를 절개하고 자궁을 절개하여 아기를 꺼내는 방법으로, 미리 날짜를 정해서 하는 경우도 있고 정상분만을 시도하다가 불가피해서 응급으로 수술하는 응급 제왕절개술의 두 가지 경우가 있다. 제왕절개 수술을 해야 하는 경우는 다음과 같다.

- 둔위로 있을 때(거꾸로 있는 태아)
- 전치태반이나 태반 조기 박리증 등 태반에 이상이 있을 때
- 태아의 크기가 너무 커서 거대아인 경우(태아 예상 체중 4.0~4.5kg 이상)
- 태아의 건강에 심각한 문제가 있을 때
- 자연분만을 시도할 수 없는 태아의 복부나 머리의 기형이 있는 경우
- 태아의 머리 크기에 비하여 골반이 지나치게 좁은 경우
- 분만 진통 과정 중에 진통이 강하게 계속되고 있는데도 불구하고 진행이 되지 않고 멈춘 경우
- 태아가 배 속에서 매우 힘들어하는 태아 곤란증이 있는 경우
- 질이나 자궁 기형으로 아기가 나오는 산도에 문제가 있는 경우
- 과거에 제왕절개 수술이나 자궁을 절개한 수술의 병력이 있는 경우
- 심한 임신성 고혈압(임신 중독증)으로 빠른 분만이 요구될 때

- 분만 예정일을 2주 이상 넘기고도 자궁 입구의 상태가 촉진제에 전혀 반응이 없을 때
- 심한 조산으로 태아가 분만 진통을 견디기 어려울 정도로 미숙아일 때

(3) 이 외의 분만법

① 가족분만

분만 시 산모가 겪는 두려움과 정신적인 불만을 해소하기 위해 진통과 분만, 그리고 분만 후의 회복이 같은 침대에서 이루어지게 하며, 분만의 모든 과정을 배우자 등 가족이 지켜보는 가운데 아기를 낳는 방법이다. 가족분만을 위해서는 임산부가 좀 더 안전하고 편하게 분만할 수 있도록 제작된 특수침대 및 LDR 시설이 필요하다. LDR이란 진통(Labor), 분만(Delivery), 회복(Recover)의 의미로 진통에서 출산, 회복까지 같은 방에서 지내는 시스템을 의미한다. 산모에 의한 능동적인 분만행위나 분만 시 가족의 참여를 통한 가족공동체의 강화라는 문화적 차원에서의 분만 방법이다.

② 라마즈 분만법

라마즈 분만법이란 출산준비교육으로, 사람의 일생 중 커다란 획을 긋는 임신, 분만에 대한 스트레스를 대처하고 분만에 대한 선입견이나 오해를 수정하고 분만통증의 생리적 특성을 이해하며 그에 대한 대책으로 호흡법, 이완법, 심상법을 익혀서 능동적으로 진통을 경감시키려고 노력하는 체계적인 준비과정이다.

라마즈 분만법의 주된 목적은 진통 및 분만 시의 고통을 경감시키고 분만이 보다 즐겁고 만족스러운 기억이 되게 해보고자 하는 것으로, 대처방법에는 호흡법, 이완법, 심상법이 있으며 이 방법을 사용하여 통증에 대한 감각을 훨씬 완화시킬 수 있다. 라마즈 분만법의 특징은 예비아빠가 아내의 진통, 출산과정에 적극적으로 참여하는 것으로, 호흡법, 이완법, 심상법을 행할 때 코치로서 아버지의 역할은 매우 크다. 함께 분만에 참여함으로써 임산부에게 따뜻한 보살핌과 격려를 보

여주어 정신적인 안정을 주고 아기에게는 아빠로서의 애정을 보여줄 수 있는 기회가 되며, 감동적인 아기 탄생의 순간을 함께 맞이할 수 있다.

③ 소프롤로지 분만법

이 분만법은 탄생의 첫 순간을 아기의 입장에서 생각하여 갓 태어난 아기의 시각, 청각, 촉각, 감정을 존중해 주는 분만법으로, 소프롤로지 분만의 목표는 임신 기간 중 조화로운 생활과 스스로 분만을 조절할 수 있게 하는 데 있다. 또한 모성애를 고취시켜 아기에 대한 고마움과 자신감을 갖게 해준다. 소프롤로지 분만법은 1960년대부터 유럽에서 시작되었으며 서양의 근육이완법과 동양의 요가, 불교적 요소들을 혼합한 무통분만법의 하나로, 영상훈련, 호흡법, 소프롤로지 훈련 등의 세 가지 훈련을 통해 이루어진다. 임신 14주부터 영상훈련을 시작하고 임신 7~8개월이 되면 이완훈련 호흡법으로 엄마는 정신적으로 안정과 여유를 찾을 수 있고 태아는 긴장이 완화된다. 엄마의 호흡상태가 좋아지기 때문에 아기가 산소를 충분히 공급받고 편안한 마음으로 세상에 나올 수 있게 되며, 영상훈련은 임신부가 임신과 출산에 대한 자신감과 밝은 사고를 가질 수 있어 정신 건강에도 매우 좋다. 출산은 산모와 태아의 최초 공동작업이다.

④ 수중분만법

수중분만은 저위험의 정상 임신부들이 1차적 대상이다. 그러나 정상 임신부라고 하더라도 각 임신부는 자신의 특성에 잘 맞는 분만방법을 담당의사와 상의하여 결정해야 한다. 수중분만의 장점은 산모에게는 물속에서 잠기는 신체 부분의 부력에 의하여 자체 체중에 의한 중력이 감소되도록 하며, 감각자극이 감소되어 신체가 이완될 뿐만 아니라 정신도 편안해진다. 물 자체가 가지고 있는 진통억제 효과(analgesic effect of water)를 이용할 수 있으므로 진통 및 분만 시간의 감소에 도움이 된다. 그 이유는 임산부가 아기를 낳기 가장 편리하고 이상적인 'squatting position', 즉 쪼그리고 앉는 자세를 하기 편하기 때문이다. 또한 기존 분만방법에서 사용되었던 조작들이 불필요한데, 특히 물속에서는 회음부의 탄성(elasticity)이 증가하기 때문 회음부 절개술이 필요없다. 신생아들은 물속에서 대부분 눈을 뜬 상태로 사방을 둘러보고, 사지를 움직이기 시작하며, 빛과 소리의 자극도 기준 분만 시보다 훨씬 완화된다. 엄마와의 피부 접촉도 수분 때문에 더욱 부드러워진다. 수중분만의 단점 중 대표적인 것은 모체와 태아의 감염이다. 수중 진통 시 태아 감시의 소홀과 안전한 수중분만실을 운영하기 위한 관리 인력과 준비 문제가 있다. 또한 의료사고가 발생할 경우 그에 대한 판결이나 법적 보호장치가 미비하여 의사들이 꺼리기도 한다. 그러나 수중분만을 활발히 진행하고 있는 유럽에서는 감염의 위험은 철저한 준비로 막을 수 있으며, 이러한 단점보다는 위에 열거한 장점이 훨씬 많다고 주장한다.

⑤ 무통분만

흔히 무통분만의 한 방법으로 알려진 '경막외 마취'는 자연분만을 할 때 통증을 느끼지 않고 아이를 낳을 수 있는 방법이다. 경막외 마취는 경막외강 내에 가느다란 도관을 삽입하고 희석한 마취제를 지속적으로 주입해 출산할 때 진통을 줄인다. 경막외 마취가 출산하는 데 필수적인 것은 아니므로, 마취 여부는 산모 스스로 결정해야 하며, 만일 경막외 마취주사를 맞고 싶다면 임신 후기 정기 검진 과정에서 의사와 상의를 거치는 것이 좋다. 단, 임신 전에 척추 부위 질환자, 히스테리 환자 등은 피하는 것이 좋다. 경막외 마취는 사람마다 차이가 있지만, 무통마취를 했을 때의 진통은 그렇지 못했을 때보다 적게는 5%, 많게는 20% 정도까지 줄일 수 있다.

4) 출산 시의 문제점

(1) 조기파수

진통하기 전에 미리 양수가 터지는 것으로, 터진 양막으로 세균이 감염될 수 있으므로 빨리 병원에 가야 한다. 파수 시 진통이 없으면 유도분만을 하고 파수

된 지 24시간 안에 출산이 어려우면 제왕절개를 하기도 한다. 태아가 다 자라지 않은 상태에서 파수가 되면 신속히 감염을 막는 처치를 하고 적절한 분만시기를 결정한다.

(2) 탯줄 이상

탯줄은 지름이 약 1cm, 길이가 약 50cm 정도로 두 개의 동맥과 한 개의 정맥으로 이루어져 있으며, 정맥이 자라는 속도가 빨라 동맥 주위를 감기 때문에 모양이 구불구불하다. 모체의 산소와 영양분은 태반에서 탯줄의 정맥을 통해 태아에게 공급되어 심장을 지나 태아순환을 거쳐 동맥을 통해 다시 태반으로 배설된다. 탯줄 이상 중 탯줄권락은 탯줄이 얽히거나 심하게 당겨져 모체와의 교류를 방해하고 혈행장애를 일으키는 것을 말한다. 탯줄이 보통보다 긴 과장탯줄일 경우 손이나 발이 감겨서 얽힌 부분이 심하게 조여 혈행장애를 일으키고, 심하면 저산소증으로 신생아가 사망할 수도 있다. 탯줄이 보통보다 짧은 과단탯줄은 출산 중 태아가 산도를 내려갈 때 탯줄이 당겨져 혈행장애가 생기고 태아 심박음이 불안정할 수 있다.

양막이 터지면서 양수가 흐르고 그 흐름에 따라 탯줄이 미끄러지거나 탈출되어 자궁경부나 질 입구로 빠져나오는 탯줄탈출은 태아가 산도를 내려갈 때, 탯줄부터 나오면 태아와 산모 사이에 끼어 혈액순환 방해를 일으켜 사망의 원인이 된다. 탯줄탈출은 보통 역아일 때 나타난다.

탯줄이 직접 태반에 붙어 있지 않고 그 주위의 양막의 얇은 막에 붙어 있는 경우 태아는 순조롭게 발육하지만 분만 시 파수와 함께 양막 부분의 혈관이 파열되면서 갑자기 자궁 안에서 태아가 사망하는 경우가 있다.

(3) 태반 이상

태반은 태아와 모체 사이에서 태아의 생존과 성장에 필요한 물질교환을 매개하는 구조물로, 태아를 밖에서 싸고 있는 장막의 일부가 모체의 자궁 내막에 접착하여 형성된다. 전치태반은 태반의 위치가 자궁의 입구를 막거나 근처에 있는 경우로 제왕절개가 필요하며, 임신 후기에 초음파 검사를 통해 전치태반 여부를 알 수 있다. 태반 조기박리는 태반의 위치는 정상이나 태아가 나온 후 떨어져야 할 태반이 임신 중이나 분만 시 미리 떨어져 나오는 경우이다. 태반의 일부가 떨어진 경우는 제왕절개로 신생아를 출산할 수 있지만 완전히 떨어진 상태이면 태아에게 매우 위험하다. 이는 태아의 사망률이 높으며, 산모 또한 출혈로 인한 치명적인 위험이 뒤따른다. 유착태반은 태반이 자궁벽에 비정상적으로 붙어 있는 상태로 분만 후 손으로 제거하거나 이 방법이 실패하면 즉각적으로 전자궁적출술을 해야 한다.

(4) 자궁파열

분만 중 자궁이 수축할 때 그 힘을 견디지 못하고 찢겨져 태아가 자궁 밖으로 튀어나가는 증상으로, 태아는 거의 사망하고 산모 역시 통증과 많은 양의 내출혈로 재빨리 수술하지 않으면 생명이 위험하다. 자궁파열은 이전에 제왕절개수술을 받았거나 자궁에 생긴 병으로 수술받은 부위가 아물지 않았을 때, 태아가 가로로 누워 있는 황위인 채로 태어나려고 할 때, 태아의 머리가 보통보다 클 때, 출산 도중 너무 심한 조작을 가했을 때, 인공임신중절수술을 하면서 자궁벽에 상처가 생겼을 경우에 주로 발생한다.

(5) 산소결핍증

분만 시 신생아에게 가장 위험한 문제 중 하나는 산소결핍증으로, 자궁 속에 있는 태아에게 피를 공급하는 산모의 골반강 내 동맥이 자궁에 눌려 혈액과 산소가 태아에게 제대로 공급되지 않은 경우, 분만을 돕기 위한 자궁수축제로 인해 산모의 혈액이 태아에게 공급되지 못하는 경우, 척수마취를 한 산모의 혈압이 갑자기 떨어진 경우, 무통분만을 위한 진정제나 마취제를 사용한 경우, 태아가 둔위전진하여 탯줄이 꼬이거나, 조여지거나, 태반이 출산 전에 떨어지는 경우이다

(Lin, 1993). 1~4분 이내에 산소를 정상적으로 공급받게 되면 뇌손상이 생길 가능성은 낮으나 4~6분이 지나면 뇌손상이 생길 가능성이 높고, 6~10분이 지나면 뇌손상이 생길 가능성이 매우 높으며 사망할 수도 있다(우수경 외, 2013).

(6) 조산

출산 예정일보다 일찍 태어나는 것으로 37주 미만에 출산이 이루어지는 것을 조산이라 한다. 조산아는 만삭아에 비해 신경통제가 불완전하며, 근육이 약하고 혈관이 좁고, 감염에 대한 저항력이 떨어진다. 또한 신체기능이 온전히 발달하지 못한 상태로 태어나므로 각별한 주의와 보호가 필요하다. 조산의 원인으로는 조기파수, 임신성 고혈압, 임산부의 당뇨, 태반 조기박리, 자궁경부무력증, 자궁기형, 태아기형, 다태임신 등 매우 다양하다.

4. 신생아

1) 신체적 특징

출생 시 평균 체중은 남아는 3.3kg, 여아는 3.2kg이지만 2.6~4.1kg 정도면 정상체중 범위에 속한다. 출생 시 평균 신장은 남아가 50.12cm, 여아는 49.35cm이다. 보건복지부(2007)에서 조사한 바에 의하면 생후 4개월이 되면 출생 시 몸무게의 두 배 정도가 되며, 첫돌이 되면 세 배 정도가 된다.

신생아의 두위는 성인의 약 70%에 달하는 34cm 정도이고, 흉위보다 약 1cm쯤 커서 머리가 더 커보인다. 천문은 골화가 불완전한 두개골에 잔존하는 막으로, 자라면서 뼈로 바뀌는 부분이다. 신생아는 출생 시 6개의 천문을 가지고 태어난다. 다른 천문들은 크기가 작아 빨리 닫히나 그중 두 개는 밖에서도 관찰이 가능하다. 크기가 큰 것을 대천문, 즉 숫구멍이라고 말하는데, 대천문은 신생아의 머리뼈 꼭대기에 열십자로 교차하는 곳에 약 3cm 정도의 마름모 모양으로 존재하며 생후14~18개월경에 닫힌다. 다른 천문은 소천문으로 작기 때문에 생후 6~8주경에 닫힌다.

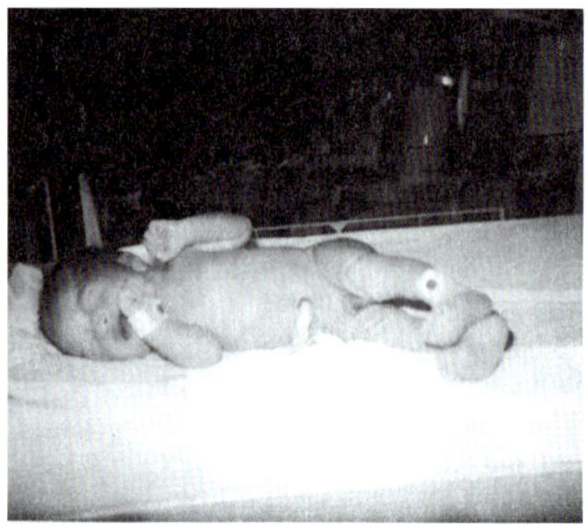

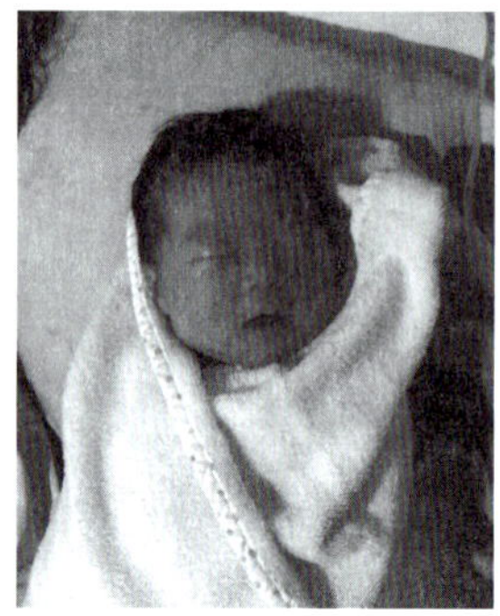

|그림 3-10| 출생 1일 신생아

|그림 3-11| 출생 4주 신생아

2) 생리적 기능

신생아의 호흡은 얕고 불규칙하며 호흡할 때 소리를 낸다. 신생아의 호흡은 매우 빨라서 분당 30~60회의 호흡을 한다. 신생아의 맥박은 빠르고 불규칙하며, 분당 120~160회 정도이며, 생후 10일이 되어야 혈압이 안정된다. 신생아의 위는 성인의 위에 비해 세로형이고 식도와 위 결합부의 괄약근의 기능이 매우 약해서 젖을 먹으면 역류하기 쉬워 잘 토한다. 또한 출생 후 며칠 동안 끈끈하고 검은 녹색의 태변을 보는데, 출생 후 24시간 내 태변이 없으면 장폐쇄를 의심해 보아야 한다. 태변은 신생아가 태내에서 들이마신 양수 속에 있던 세포, 솜털, 태지 등과 담즙색소가 섞여 있는 분비물로 생후 4일경 사라진다. 신생아의 체온은 출생 후 자궁에 비해 낮은 환경을 접하면서 체온을 조절하여 항온을 유지하려고 하나 조절기능이 미숙하고 땀샘발달이 미흡하여 체온조절이 어렵다. 따라서 옷이나 담요로 신생아의 체온을 유지해 주어야 한다. 갓 태어난 신생아의 수면시간은 하루에 16~18시간으로 낮과 밤의 차이를 구별하지 못한다. 배가 고플 때쯤 2~4시간 간격으로 깨었다가 잠이 든다.

3) 반사행동

몇 가지 반사능력만을 가지고 태어난 신생아는 점차 목적의식을 가지고 행동하는 존재로 바뀌게 된다. 즉, 자신의 몸도 조절하지 못하는 무기력한 존재인 신생아가 영아기를 거치면서 기기, 앉기, 서기를 거쳐 걷기 시작한다.

신생아는 〈표 3-2〉와 같은 반사행동을 보이며, 만약 이러한 반사행동이 출생 시 나타나지 않거나 수개월이 지나도 사라지지 않으면 신경계통에 문제가 없는지를 살펴보아야 한다.

〈표 3-2〉 신생아의 반사행동

반사행동	행동 특징	발달 패턴
호흡 반사 (breathing reflex)	신생아의 생존에 필요한 것으로, 반복적으로 숨을 들이마시고 내쉰다. 영구적이며 부분적으로 자의적이라 볼 수 있다.	영구적
눈깜박임 반사 (eye-blink reflex)	불빛, 공기 등에 의해 눈을 깜박거리며, 물체나 밝은 빛으로부터 눈을 보호한다.	영구적
동공 반사 (light reflex)	동공이 밝은 빛에서는 작으나 어두운 빛에서는 커져 물체나 밝은 빛으로부터 눈을 보호한다.	영구적
삼키기 반사 (swallowing reflex)	목구멍 안으로 삼키는 행동으로, 질식하지 않고 음식을 먹을 수 있다.	영구적
걷기 반사 (stepping reflex)	신생아를 뒤에서 안아 발이 바닥에 닿게 하면 걸어가듯이 무릎을 구부려 발을 번갈아 땅에 내려놓는다.	생후 2개월 이후 사라짐
긴장성 목 반사 (tonic neck reflex)	신생아를 반듯이 뉘였을 때 머리를 한쪽으로 돌리면 팔과 다리를 같은 방향으로 뻗는다.	생후 2~3개월 이후 사라짐
젖찾기 반사 (근원반사) (rooting reflex)	신생아의 뺨에 자극이 있으면 그쪽으로 향하고 젖꼭지를 물 때와 같이 입을 벌린다.	생후 3~4개월 이후 사라짐
빨기 반사 (sucking reflex)	구강자극에 민감하여 입에 닿는 것은 무엇이든지 빨고자 한다.	생후 3~4개월 이후 사라짐
모로 반사 (Moro reflex)	큰 소리가 나거나 안고 있는 자세가 갑자기 바뀌면 깜짝 놀라 팔을 바깥쪽으로 폈다가 몸이 뒤로 활 모양처럼 휜다.	생후 3~4개월 이후 사라짐
수영 반사 (swimming reflex)	신생아를 물속에 넣으면 수영하는 것과 같이 팔다리 운동과 호흡을 한다.	생후 6~7개월 이후 사라짐
바빈스키 반사 (Babinski reflex)	신생아의 발바닥을 자극하면 발가락을 쫙 폈다가 오므린다. 이때 엄지발가락은 구부리는 반면에 다른 발가락은 부채처럼 확 편다.	생후 9~12개월 이후 사라짐
파악 반사 (grasping reflex)	손바닥에 어떤 물건을 쥐여주면 빼내기 힘들 정도로 꽉 쥔다.	생후 10~17개월 이후 사라짐

출처 : 심성경 외(2010). 아동발달.

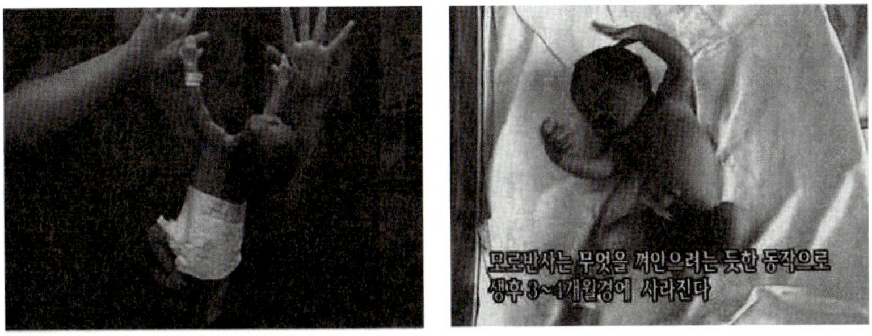

|그림 3-12| 신생아 반사행동

출처 : EBS(2006). EBS 특별기획 아기성장보고서 제1편 세상을 향한 첫걸음.

4) 신생아 이상 증세

신생아의 황달은 간기능이 미숙해 적혈구가 파괴되었을 때 생기는 노란색 담즙 색소인 빌리루빈이 제대로 처리되지 못하고 축적되어 대부분 황달을 경험할 정도로 흔히 볼 수 있는 증상이다. 그러나 생후 2주간 황달이 지속될 경우에는 뇌손상 등 심각한 장애를 일으킬 수 있으므로 빨리 치료를 받아야 한다.

영아산통은 신생아나 생후 2~3개월 된 영아가 신체에 어떤 병이 없는데도 발작적 복통으로 숨이 넘어갈 듯 심하게 계속 우는 증상으로, 발작적인 울음과 보챔이 하루 세 시간, 최소 한 주간 3회 이상 발생 시 영아산통이라고 한다. 원인은 소화불량, 위장알레르기, 변비, 긴장감, 배고픔, 주위가 소란한 경우, 우유병을 잘못 먹여 공기를 많이 들이마셨을 경우이다.

※ 다음 문제를 읽고 맞으면 ○, 틀리면 ×로 답하시오.

1. (　) 태내환경은 태아에게 결정적 영향을 미친다. 임신부의 약물복용은 태아발달에 밀접한 영향을 주므로 의사의 처방을 반드시 따라야 한다.
2. (　) 임신 중의 음주는 태아에게 좋지 않은 영향을 주며, 알코올을 대사하기 위해서는 산소가 많이 필요하므로 뇌와 신체 부위의 세포 성장에 필요한 산소를 태아에게서 빼앗아 가므로 임산부는 적당량의 알코올을 섭취해야 한다.
3. (　) 임신 3개월 이전에 모체가 풍진에 감염된 경우에는 시각장애, 청각장애, 지적장애 등을 유발할 확률이 높으며, 모체가 임질이나 매독에 감염된 경우에 모체에 의해서 감염된 태아의 30%는 출산 이전에 사망한다.
4. (　) 임신 중에는 적정한 체중을 유지하고, 균형 잡힌 식단을 통해 영양소 섭취를 해야 한다. 특히 태아의 뇌발달이 이루어지는 임신 초기의 영양결핍은 태아의 건강에 큰 영향을 준다.
5. (　) 자연유산은 임신 30주 이내에 태아가 사망하는 것으로, 전체 임신의 10~15%가 해당되며, 특히 80% 이상의 유산이 임신 30주 이내에 일어난다.

Chapter 04
영아기

1. 신체 · 운동 발달
2. 인지발달
3. 언어발달
4. 사회 · 정서 발달

Chapter 04

영아기

1. 신체·운동 발달

1) 신체 성장 및 비율

영아기는 인간발달에 있어 짧은 시기이지만 발달 속도는 다른 어느 시기보다 빠르다. 또한 영아기는 신체 및 운동 발달에 있어 변화의 폭이 큰 시기라 할 수 있다. 특히 신체발달의 경우 생후 2년 동안 매우 급속하게 이루어진다.

영아는 생후 4개월이 되면 출생 시 몸무게의 두 배 정도가 되며, 첫돌이 되면 세 배 정도가 된다. 즉, 출생 시 영아의 몸무게는 3.0~3.5kg 정도인데 생후 3~4개월경에는 출생 시의 약 두 배인 6~7kg이 되며, 1세에는 출생 시의 세 배, 2세경에는 출생 시 몸무게의 약 네 배가 된다. 대부분의 영아의 신장은 출생 후 12개월에 이르면 출생 시의 약 50%가 증가한다(보건복지부, 2007). 즉, 출생 시 키가 51cm인 영아는 12개월에 이르면 77cm 정도로 자라나게 된다. 2세경의 성장 속도는 첫해에 비해 다소 느려지나 키는 성인의 약 1/2만큼 자라게 된다. 전반적으로 남아의 신장과 몸무게가 여아보다 약간 크고 높다.

〈표 4-1〉 2017 소아 청소년 신체발육 표준치

연령(개월)	남 아		여 아	
	표준 체중(kg)	표준 신장(cm)	표준 체중(kg)	표준 신장(cm)
출생 시	3.3	49.9	3.2	49.1
1	4.5	54.7	4.2	53.7
2	5.6	58.4	5.1	57.1
3	6.4	61.4	5.8	59.8
4	7.0	63.9	6.4	62.1
5	7.5	65.9	6.9	64.0
6	7.9	67.6	7.3	65.7
7	8.3	69.2	7.6	67.3
8	8.6	70.6	7.9	68.7
9	8.9	72.0	8.2	70.1
10	9.2	73.3	8.5	71.5
11	9.4	74.5	8.7	72.8
12	9.6	75.7	8.9	74.0
13	9.9	76.9	9.2	75.2
14	10.1	78.0	9.4	76.4
15	10.3	79.1	9.6	77.5
16	10.5	80.2	9.8	78.6
17	10.7	81.2	10.0	79.7
18	10.9	82.3	10.2	80.7
19	11.1	83.2	10.4	81.7
20	11.3	84.2	10.6	82.7
21	11.5	85.1	10.9	83.7
22	11.8	86.0	11.1	84.6
23	12.0	86.9	11.3	85.5
24	12.2	87.1	11.5	85.7

출처 : 질병관리청(2025). 2017 소아청소년성장도표. https://knhanes.kdca.go.kr/knhanes/grtcht/dwnld/dtDtl.do

영아의 신체 비율을 살펴보면 급격한 변화와 함께 신체의 각 부분은 다른 시기에 각각 다른 비율로 성장한다. 임신에서 출생까지는 머리 부분이 가장 빠른 속도로 성장하고, 출생 후 1년은 몸통, 생후 1년 이후부터 청년기까지는 다리가 가장 빠르게 성장한다. 신생아는 머리 크기가 신체에서 차지하는 비율이 1/4이나 되므로 머리 크기가 다른 부분에 비해 많이 커 보인다. 머리의 크기는 두 돌 무렵에 신장의 1/5이 되고, 성인이 되면 1/8이 된다.

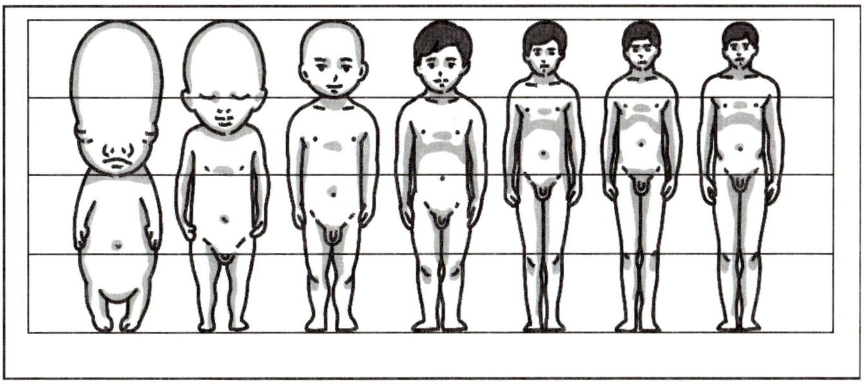

|그림 4-1| 신체비율의 변화

출처 : 정옥분(2002). 아동발달의 이해.

2) 신체 골격, 근육

영아의 골격은 성인의 골격보다 크기가 작고 수도 적을 뿐만 아니라 매우 유연하고 부드럽다. 손발, 손목, 발목을 예로 들면 출생 시 뼈의 수가 성인의 것보다 훨씬 적다. 손목뼈의 경우 성인은 9개인 데 반해 첫돌 무렵에는 3개뿐이다. 나머지 6개는 아동기에 계속 발달하여 청년기에 완성된다. 영아의 두개골 뼈는 봉합이 아직 이루어지지 않아 머리에는 6개의 숫구멍(천문)이 남아 있는데, 성장하면서 점차 닫히게 되어 18개월경에는 머리 전체가 단단한 뼈로 덮이게 된다.

영아의 근육은 골격과 마찬가지로 아직 작고 미약하며 점진적인 신체발달과 함께 근육조직 역시 청년기까지 꾸준하게 발달한다. 근육의 발달도 두미발달의 원칙에 따라 머리와 목의 근육이 몸통이나 사지의 근육보다 먼저 발달한다. 따라서 생후 4개월이 지나면서 목근육이 생겨 목을 조절할 수 있게 된다. 근육발달은 뇌 발달과 연합하여 운동기능의 발달이 이루어지게 한다.

3) 뇌 발달

뇌 발달 역시 영아기에 매우 빠른 속도로 이루어진다. 출생 시 뇌의 무게는 평균 300~400g으로 성인 뇌 무게의 1/4 정도이다. 영아기의 뇌 발달은 태내기와 함께 일생 중 어느 시기보다 빨라서 6개월경에는 성인 뇌의 50%가 되며 12개월경에는 성인 뇌의 66%, 24개월경에는 성인 뇌의 75%에 달한다.

영아기 뇌 크기의 놀라운 성장은 뇌의 구조적 · 기능적 발달과 관련이 있다. 뇌의 각 부위는 발달하는 시기가 각기 다르다. 반사운동과 신체기능을 통제하는 뇌간은 출생 시 이미 완전한 기능을 한다. 뇌간의 가장 기본적인 기능은 호흡, 심혈관 활동, 수면, 의식에 관계되는 것이다. 뇌의 또 다른 부위는 출생 시에도 기능을 하지만, 출생 후 계속해서 발달하고 재편성된다. 감각정보가 대뇌피질에 전달되도록 하는 시상, 운동기능과 자세조정을 관장하는 소뇌, 기억을 관장하는 해마 등이 여기에 속한다. 시상은 감각정보를 연결하는 정거장과 같으며, 통증의 지각에도 중요한 역할을 한다. 사고나 추론 같은 복잡한 인지능력을 관장하는 대뇌피질은 출생 시에 발달이 가장 덜 된 부위이다(정옥분, 2012). 출생 후 대뇌피질은 다음과 같이 발달을 계속한다(Johnson, 1998). 첫째, 뉴런의 크기가 증가하고 구조가 점점 복잡해진다. 둘째, 신경섬유 주위에 미엘린이라 불리는 지방물질이 형성된다. 셋째, 뉴런 간의 시냅스의 수가 증가한다. 이것은 각기 다른 대뇌피질의 부위에서 일어난다. 시각과 청각의 영역에서는 시냅스의 증가가 출생 후 3~4개월에 절정을 이루고, 고등 인지기능을 담당하는 영역은 영아기 후반부에 절정을 이룬다. 필요 이상의 시냅스가 형성

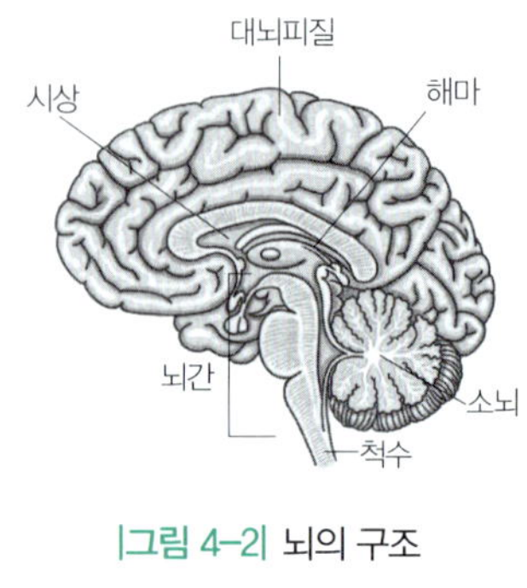

|그림 4-2| 뇌의 구조

되면 과잉 시냅스는 제거된다. 넷째, 대뇌피질과 뇌의 다른 영역, 특히 시상, 소뇌, 해마 간의 연결이 증가한다. 다섯째, 대뇌피질의 여러 영역이 점점 세분화된 기능을 맡게 된다.

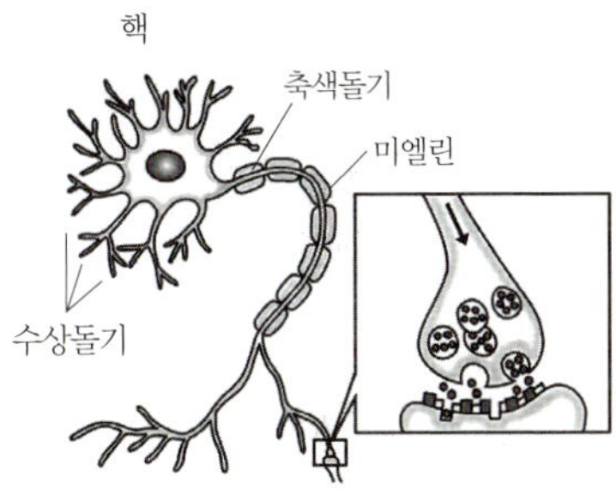

|그림 4-3| 뉴런의 구조

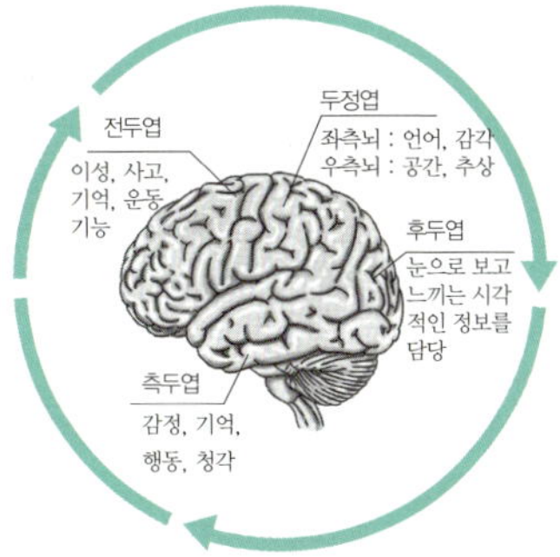

|그림 4-4| 뇌 발달과 학습능력

영아의 뇌 발달은 생물학적 요인과 더불어 환경적 요인이 많은 영향을 미친다. 이 시기에 심한 영양실조는 신경세포의 수와 크기, 구조의 형성에 부정적인 영향을 미치며 발달지체나 뇌 손상을 초래할 수 있다. 더불어 환경적 자극이 결핍된 영아는 환경적 자극이 풍부한 영아에 비해 뇌의 무게가 가벼울 뿐만 아니라 뇌의 정교함 면에서도 뒤떨어진다(Kolb, 1995).

영아는 성인보다 뇌의 활동력이 2배 정도 강해서 사고력이나 문제해결 능력, 감정이나 반응, 대인관계 등의 학습능력의 발달이 급속히 이루어진다. 어린 시절에 배우고 경험했던 것들이 향후 성인이 되었을 때 지능이나 성격에 많은 영향을 주게 되므로 뇌가 가장 빠르게 성장하고 발달하는 영아기의 경험과 자극이 중요하다. 충분한 영양 공급과 함께 정기적인 건강검진 및 예방접종을 통해 질병의 조기발견과 치료로 뇌의 성장에 근본적인 문제가 생기지 않도록 해야 한다. 성인이 영아에게 많은 사랑을 주고 긍정적인 사고를 하게 하면 영아의 뇌 발달에 도움이 되며 신체적 또는 정서적으로 영아에게 스트레스가 되는 것은 뇌의 성장에도 좋지 않은 영향을 주게 된다.

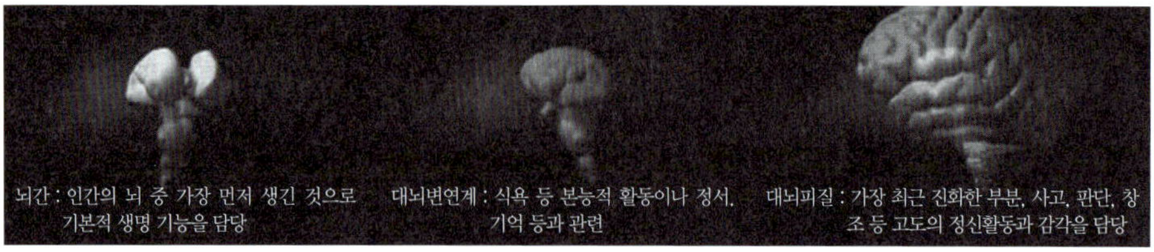

[그림 4-5] 뇌의 기능

출처 : EBS(2006). EBS 특별기획 아기성장보고서. 제1편 세상을 향한 첫걸음.

4) 운동기능 발달

(1) 대근육 발달

대근육 운동이란 큰 근육을 사용해서 움직이는 것으로 걷기, 달리기, 뛰기, 공 던지기, 계단 오르내리기 등을 하는 것을 의미한다. 영아는 생후 2년 동안 대근육에서 비약적인 발달을 이룬다. 즉, 영아는 신체 통제력이 없는 존재에서 목을 가누고, 앉고, 기고, 서고, 걷고, 달릴 수 있게 된다.

출생 시 신생아는 고개를 못 가누지만 1개월이면 엎드린 자세에서 고개를 들 수 있으며, 2개월경에는 가슴을 들 수 있다. 또한 백일을 전후해서 몸을 뒤집을 수 있게 된다. 7~8개월경에는 혼자 앉을 수 있고, 12~13개월경에 혼자서 설 수 있으며, 15개월경에는 혼자 걸을 수 있다. 18~22개월에는 자전거를 탈 수 있고, 18~24개월에는 달리기, 공차기, 공 던지기 등도 할 수 있다. 영아의 대근육 운동 발달은 대부분 일정하지만 영아마다 신체발달의 개인차가 있으므로 기술을 획득하는 시기가 약간씩 다를 수 있다.

〈표 4-2〉 월령별 영아의 대근육 발달

개 월	대근육 발달 내용
1개월	엎드린 자세의 영아를 들었을 때, 머리가 밑으로 처지지 않는다.
3~4개월	목을 가눈다.

4개월	뒤집기를 할 수 있다.
5개월	배에서 등으로 뒤집기가 가능하다.
5~6개월	물건을 붙잡는다. 눈과 손의 협응이 가능하다.
7~8개월	혼자서 앉는다.
8~9개월	기어 다닌다.
9~10개월	가구 등을 붙잡고 혼자 설 수 있다.
10개월	가구 등을 잡고 혼자 걸을 수 있다.
12~13개월	혼자서 선다. 도와주면 걸을 수도 있다.
14~15개월	혼자서 걷는다.
16개월	손잡이를 잡고 계단을 오르내릴 수 있다.
24개월	달릴 수 있다. 혼자 계단을 오르내릴 수 있다.

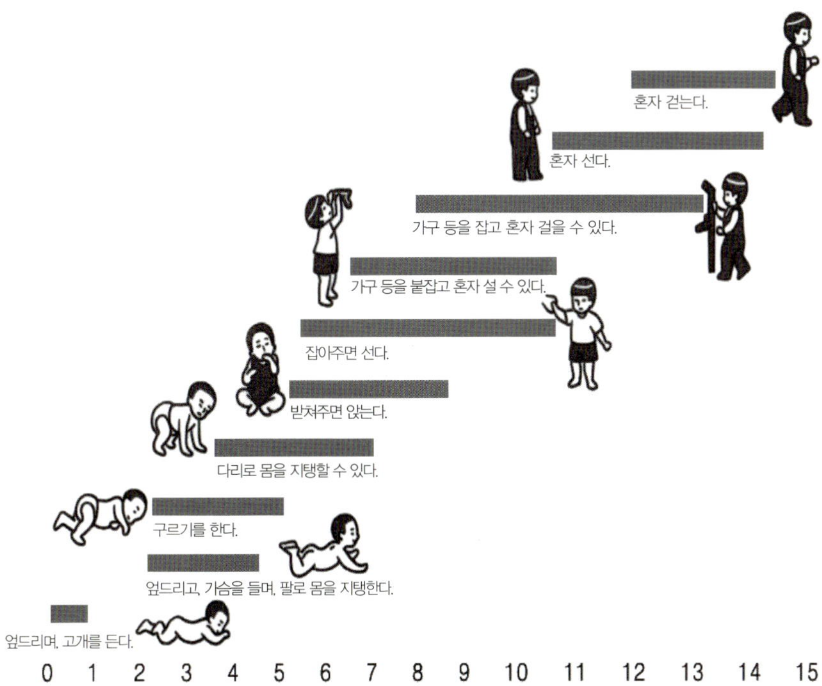

|그림 4-6| 월령에 따른 운동발달 순서

출처 : 조복희(2009). 아동발달.

올리면서 성인에게 전해주며 즐거워한다. 첫돌경의 영아는 조금 큰 물체를 잡기 위해 두 손을 함께 사용한다(Berger, 2003 : 151). 또한 2세경에는 음식을 많이 흘리기는 하지만 혼자서 숟가락으로 밥을 먹을 수 있게 된다.

〈표 4-3〉 월령별 영아의 소근육 발달

개 월	소근육 발달 내용
1개월	눈에 보이는 사물을 응시하나 손을 뻗어 잡으려고 하지는 않는다.
2개월	주먹을 쥘 수 있고, 손 안에 사물을 잠시 동안 쥘 수 있다.
3개월	손을 폈다 주먹을 쥐곤 한다. 사물을 보고 손을 뻗는다.
4~5개월	물건을 쥘 수 있으나 힘 있게 움켜잡진 못한다.
6~7개월	매달려 있는 물건을 팔을 뻗어 잡을 수 있다.
7~8개월	손가락을 사용하여 물건을 쥘 수 있다.
8~9개월	손바닥으로 물건을 잡을 수 있다.
10~12개월	엄지손가락, 집게손가락 끝으로 작은 물건을 잡을 수 있다.
12개월	양말, 모자를 벗을 수 있다. 조금 큰 물체를 잡기 위해 두 손을 함께 사용한다.
16개월	공을 던질 수 있다.
18개월	컵에 입을 대고 마신다. 2~3개의 작은 블록을 쌓을 수 있다.
24개월	숟가락을 사용해 밥을 먹을 수 있다. 옷을 벗을 수 있다. 5개의 작을 블록을 쌓을 수 있고, 큰 공을 손으로 잡을 수 있다.

|그림 4-11| 영아 소근육 활동

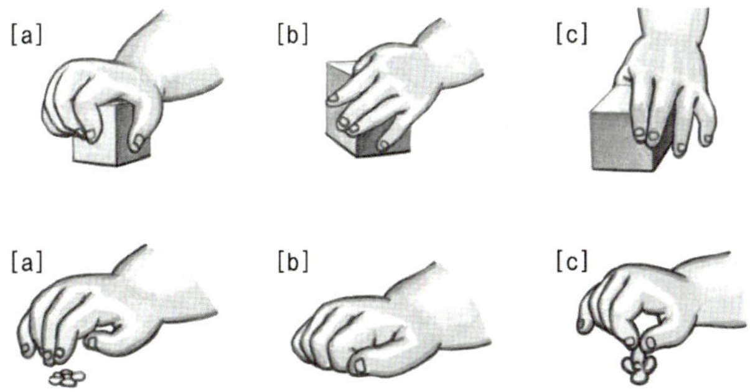

|그림 4-12| 영아의 잡기 기술의 발달과정

출처 : 조성연 외(2005). 아동발달의 이해.

이상의 영아기 신체 · 운동 발달의 특징을 요약 · 정리하면 〈표 4-4〉와 같다.

〈표 4-4〉 영아기 신체 · 운동 발달의 특징

연 령		신체 · 운동 발달
0세	1개월	• 엎드린 자세의 영아를 들었을 때, 머리가 밑으로 처지지 않는다. • 눈에 보이는 사물을 응시하나 손을 뻗쳐 잡으려고 하지는 않는다.
	2개월	• 주먹을 쥘 수 있고, 손 안에 사물을 잠시 동안 쥘 수 있다.
	3개월	• 목을 가눈다. • 손을 폈다 주먹을 쥐곤 한다. 사물을 보고 손을 뻗는다.
	4~5개월	• 뒤집기를 할 수 있다. • 배에서 등으로 뒤집기가 가능하다. • 물건을 쥘 수 있으나 힘 있게 움켜잡진 못한다.
	6~7개월	• 물건을 붙잡는다. 눈과 손의 협응이 가능하다. • 매달려 있는 물건을 팔을 뻗어 잡을 수 있다.
	7~8개월	• 혼자서 앉는다. • 손가락을 사용하여 물건을 쥘 수 있다.
	8~9개월	• 기어 다닌다. • 손바닥으로 물건을 잡을 수 있다.
	10~12개월	• 가구 등을 붙잡고 혼자 설 수 있다. • 가구 등을 잡고 혼자 걸을 수 있다. • 엄지손가락, 집게손가락 끝으로 작은 물건을 잡을 수 있다.

1세	12~13개월	• 혼자서 선다. 도와주면 걸을 수도 있다. • 서 있는 자세에서 혼자 앉는다.
	14~15개월	• 혼자서 걷는다. • 힘차게 긁적거릴 수 있다.
	16개월	• 공을 던질 수 있다. • 손잡이를 잡고 계단을 오르내릴 수 있다.
	18개월	• 컵에 입을 대고 마신다. • 2~3개의 작은 블록을 쌓을 수 있다.
	24개월	• 달릴 수 있다. • 혼자 계단을 오르내릴 수 있다. • 숟가락을 사용해 밥을 먹을 수 있다. • 옷을 벗을 수 있다. • 5개의 작을 블록을 쌓을 수 있고, 큰 공을 손으로 잡을 수 있다.
2세		• 가까운 곳에서 던진 큰 공을 받는다. • 큰 공을 발로 찬다. • 한 발로 선다. • 뛰어내리기 동작이 나타난다. • 작은 구멍으로 물체를 넣는다. • 병뚜껑이나 문고리를 손으로 돌릴 수 있다.

2. 인지발달

1) 감각과 지각 발달

(1) 시각

영아기 시각발달은 다른 감각능력 중 가장 늦게 발달한다. 출생 시 영아의 시력은 근시로 매우 약해 가시거리가 20~38cm이다. 1개월에는 보이는 얼굴의 윤곽선에 집중하며, 2개월에는 눈의 근육발달로 점이나 이목구비가 선명한 사람에게 더 반응한다(홍순옥 외, 2013). 첫돌 무렵에는 정상시력을 갖게 된다. 신생아들의 색 지각은 급속도로 발달하여 2~3개월 된 영아는 모든 기본적인 색상을 구별할 수 있으며, 4개월이 되면 성인들처럼 약간씩 다른 농도를 가진 색상들을 빨강, 파랑, 노랑과 같은 기본 범주의 색상들로 범주화할 수 있다.

[그림 4-13] 영아기 시각
출처 : EBS(2006). EBS 특별기획 아기성장보고서 제1편 세상을 향한 첫걸음.

(2) 청각

영아의 청각능력은 임신 4개월경부터 외부의 소리에 민감하게 반응하는 것과 같이 태내에서부터 매우 일찍 발달한다. 그로 인해 태교의 중요성이 부각되어 음악, 동화를 태내에서부터 들려주는 것이 일반적이다. 신생아는 소리에 민감하고 저음의 남성 음성보다는 높은 톤의 여성이나 엄마의 목소리에 더 잘 반응한다. 7~10일 된 아기는 낯선 사람의 목소리보다 어머니의 목소리에 특히 민감하게 반응하며, 2개월 된 아기는 엄마의 목소리와 다른 목소리를 구별할 줄 알게 된다.

(3) 후각

생후 일주일 된 모유를 먹는 영아들은 엄마의 체취와 타인의 체취를 구별할 수 있다. 엄마의 냄새는 기분 좋은 것들과 연관되어 있어 다른 냄새보다도 더 좋아하게 되며, 하루에 몇 번씩 모유를 먹는 영아들은 엄마의 체취에 더 빨리 익숙해질 뿐만 아니라 엄마와의 안정애착을 형성하게 된다. 영아의 후각도 성인의 후각처럼 점차 세분화되고 정교하게 발달되어 냄새를 구별할 수 있게 된다.

(4) 미각

신생아는 단맛, 신맛, 짠맛, 쓴맛을 구별하고 2~3개월경에는 특정한 맛에 대해 좋아하거나 거부하기도 한다. 미각은 영아기 전반에 걸려 지속적으로 발달하며, 단맛을 선호하던 영아는 4개월경에는 아무런 맛이 없는 물보다 짠맛을 더 선호하게 된다. 미각이 발달해 나가는 것은 영아에게 즐거움과 동시에 발달을 도와주는 촉진제이므로 영아에게 다양한 음식을 제공하여야 한다.

(5) 촉각

출생 시 영아는 자신의 신체기관 중 입을 이용하여 사물을 감지한다. 입속에 퍼져 있는 신경은 손끝보다 두 배나 많기 때문에 입에 닿는 물체의 모양과 크기, 질감까지 알 수 있다. 입을 이용한 탐색은 생후 6개월에 최고조에 이르며, 이후 손을 사용하여 물체를 경험하면서 점차 입을 이용한 탐색은 줄어든다. 영아는 촉각을 통해 사물을 이해하고 대인관계를 형성한다. 이러한 촉각을 사용한 신체적 접촉이 애착형성에 중요한 영향을 준다는 것은, 할로우의 원숭이 실험에서 새끼 원숭이가 먹이를 주는 철사 모형 엄마보다는 헝겊으로 만들어진 엄마 모형과 더 많은 시간을 보내는 결과를 통해서 알 수 있다. 수유 시 안고, 눈 맞춤을 하면서 엄마의 심장박동 소리를 들려줄 경우에 영아에게 심리적 안정감을 준다.

(6) 통합감각

영아는 어떤 감각을 통해 익힌 물체를 다른 감각을 통해 알아보는 능력을 타고나며 이러한 능력은 출생 시부터 존재한다. 생후 1년 된 영아에게 분절음과 계속음을 들려준 후 점선(…………)과 실선(———)을 보여주었다. 연구결과 분절음을 들은 영아는 점선을 더 오래 응시하였다. 이는 생의 초기에 시각과 청각이 통합되어 있다는 것을 의미한다.

◎ 신체 · 운동 발달과 지각발달의 관련성

사례 – 심각한 시각 손상을 입은 영아는 그렇지 않은 영아에 비해 수개월이 지난 후에야 주요 대근육 운동과 소근육 운동을 획득한다.

이유 – 시각 손상을 입은 영아는 사물이 어디쯤에 있는지 확인하기 위해 소리에 의존해야 한다. 그러나 소리는 시각보다 훨씬 더 늦게, 즉 6개월 전후까지 사물의 위치를 알 수 있는 분명한 단서로 기능하지 못한다. 따라서 시각 손상을 입은 영아는 주변 세계가 탐색할 만한 사물들로 이루어져 있다는 사실을 상대적으로 늦게 이해하게 되며, 움직이는 것을 주저하게 되고 이러한 요인들은 이후의 운동발달을 지연시킨다.

(7) 영아의 지각능력 측정

영아는 자신이 보고, 듣고, 느끼는 것을 말로 표현할 수 없기 때문에 영아의 지각능력을 측정하기 위해 고안된 접근법은 다음과 같다.

① 선호도 측정법

영아에게 두 가지 이상의 자극을 동시에 제시하고 각 자극에 대한 응시시간을 측정하여, 영아가 가장 오랫동안 응시한 자극을 선호한다고 판단한다. 특정한 자극을 선호하는 것은 물체를 변별할 수 있다는 것을 의미한다.

② 습관화 방법

단순한 형태의 학습으로 어떤 자극을 여러 번 반복했을 때, 그 자극에 익숙해지게 되면 더 이상 그 자극에 반응을 보이지 않는 것으로, 영아가 새로운 자극에 주의를 기울이면 영아가 두 자극을 구별한다는 것을 의미한다.

③ 뇌파 측정법

뇌파를 통해 뇌의 반응을 알아보는 방법으로, 영아의 머리 위에 전극을 부착해서 두정엽으로부터는 시각적 자극에 대한 뇌의 반응을 기록하고 후두엽으로부터는 청각적 자극에 대한 뇌의 반응을 기록한다. 영아가 자극을 감지하면 뇌파에 변화가 나타난다.

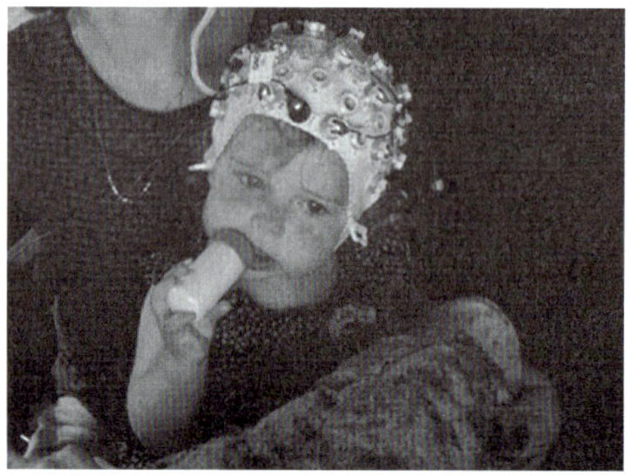

|그림 4-14| 뇌파 측정법

출처 : EBS(2006). EBS 특별기획 아기성장보고서, 제2편 아기는 과학자로 태어난다.

④ 빨기 반응 측정법

전선으로 연결된 특별히 제작한 고무젖꼭지를 빨도록 하여 빠는 속도나 강도를 기록한다. 이를 통해 영아가 지각할 수 있다는 것, 싫어하는 것과 좋아하는 것이 있다는 것을 알 수 있다.

2) 사고발달

피아제의 인지발달 단계는 감각운동기, 전조작기, 구체적 조작기, 형식적 조작기의 네 단계가 있으며, 질적으로 다른 이 단계들은 정해진 순서대로 진행되고, 단계가 높아질수록 복잡성이 증가한다. 영아기는 인지발달 단계 중 감각운동기에 해당된다.

(1) 감각운동기의 발달

감각운동기는 영아기인 0~2세까지 해당되며 하위 6단계로 나누어져 있다.

① 반사운동기

하위 1단계는 반사운동기로 출생~1개월까지에 해당되며 영아는 다양한 반사능력을 가지고 외부 세계를 이해한다. 이러한 반사능력은 생의 초기에 외부 환경에 적응해 나가는 기능을 하며 인지발달의 기초가 된다.

② 일차순환반응기

하위 2단계는 일차순환반응기로 1~4개월에 해당되며 자신의 신체로 순환반응을 보이는 시기이다. '순환반응'이라는 용어는 빨기, 잡기와 같은 감각운동의 반복을 의미한다. 일차순환반응기 동안 영아는 자신의 신체와 신체 주변에 있는 대상과 사건에 관심을 갖는다. 영아가 우연한 행동을 통해 재미있는 결과를 초래하게 되면 계속해서 그 행동을 반복하게 되며 반복행동을 통해 다양한 반사들에 숙달되고, 이 반사들은 서로 협응되어 빨기-잡기 도식과 보기-잡기 도식과 같은 도식 간의 협응이 일어난다.

③ 이차순환반응기

하위 3단계는 이차순환반응기로 4~8개월까지이며 영아는 이제 외부의 대상과 사건에 관심을 가지고 순환반응을 보인다. 영아가 외부에서 흥미로운 사건들을 발견하고, 이 행동을 다시 반복하려고 할 때 일어난다. 예를 들어, 엄마 품에 안겨 딸랑이를 들고 있던 아기가 우연히 딸랑이를 떨어뜨리고 나서 떨어지는 소리에 깜짝 놀라며 재미있어하게 되는데, 이때 엄마가 떨어진 딸랑이를 주워주면 조금 후에 다시 떨어뜨리는 것을 계속 반복하면서 깔깔 웃으며 재미있어하는 것을 볼 수 있다. 이러한 행동이 되풀이되는 것은 '의도성', 즉 목표지향적 행동의 시초로 볼 수 있다.

④ 이차순환반응의 협응기

하위 4단계는 이차순환반응의 협응기로 8~12개월에 해당되며 목표달성을 위해 두 가지 행동을 협응하는 시기이다. 영아는 자신이 원하는 장난감을 갖기 위해 방해물을 치운 후 장난감을 잡게 되는데, 피아제는 이 행동을 영아가 인과개념을 이해하는 지능의 첫 징후로 보았고, 이는 대상영속성 개념을 획득하기 시작했다는 사실을 나타낸다.

⑤ 삼차순환반응기

하위 5단계는 삼차순환반응기로 12~18개월에 해당되며 이제 영아는 대상을 다각도로 실험하며 원인과 결과를 알아보게 된다. 시행착오를 통해 매우 적극적이며 목적지향적으로 탐색하는 특성을 보인다. 예를 들어, 영아는 팔이 닿지 않는 장난감을 갖기 위해 막대기를 사용하는 시도를 할 수 있다.

⑥ 정신적 표상단계

하위 6단계는 정신적 표상단계로 18~24개월에 해당된다. 이 시기는 영아의 지적 능력이 놀랄 정도로 크게 성장하는 단계로, 영아는 이제 시행착오 과정을 통해 문제해결을 하는 것이 아니라, 행동을 하기 전 머릿속에 표상을 하여 문제를 더 빨리 해결할 수 있다. 정신적 표상이 가능해지면서 지연모방(deferred imitation)이 가능해지는데, 지연모방은 어떤 행동을 목격한 후 그 행동을 그 자리에서 곧장 모방하지 않고 일정한 시간이 지난 후에 그 행동을 재현하는 것을 말한다. 며칠 전 목격한 행동을 나중에 그대로 표현함으로써 어떤 행동을 정신적으로 표상할 수 있는 능력이 발달함을 알 수 있다.

〈표 4-5〉 감각운동기의 하위 6단계

단 계	월 령	주요 특징
하위 1단계 : 반사운동	출생~1개월	• 반사능력으로 외부 세계 이해
하위 2단계 : 일차순환반응	1~4개월	• 자신의 신체로 순환반응
하위 3단계 : 이차순환반응	4~8개월	• 외부 대상에 순환반응
하위 4단계 : 이차순환반응의 협응	8~12개월	• 목표달성을 위해 두 가지 행동을 협응 • 대상영속성 개념 획득 시작
하위 5단계 : 삼차순환반응	12~18개월	• 시행착오를 통해 대상을 다각도로 실험
하위 6단계 : 정신적 표상	18~24개월	• 지연모방

(2) 대상영속성 개념의 발달

대상영속성 개념(Object permanence)은 물체가 눈에 보이지 않거나 소리가 들리지 않더라도 그 물체가 계속 존재한다는 것을 아는 것으로, 감각운동기에 획득하게 되는 가장 중요한 능력 중의 하나이다. 피아제는 대상영속성 개념의 발달을 감각운동기의 하위 6단계에 따라 설명한다.

① 하위 1단계

0~1개월에 해당되며, 대상영속의 개념이 전혀 없다. 신생아는 움직이는 물체가 보이면 눈으로 그 물체를 쫓아가다가 그 물체가 시야에서 사라지면 더 이상 그 물체에 관심을 보이지 않는다.

② 하위 2단계

1~4개월에 해당되며, 대상영속성 개념이 어렴풋이 나타난다. 예를 들어, 영아

의 눈 앞에 공이 굴러오면 눈을 움직여 공을 쫓지만 사라지면 잠시 바라보다가 이내 고개를 돌린다.

③ 하위 3단계

4~8개월에 해당되며, 주변의 물체가 보이지 않아도 어딘가에 존재한다는 사실을 어렴풋이 이해한다. 눈과 손의 협응이 이루어지기 시작하는 시기로 부분적으로 눈에 보이는 경우에는 잡으려고 애쓴다. 장난감을 보자기로 반쯤 가려놓으면 찾아낼 수 있으나 완전히 덮어놓으면 찾지 않는다. 감춰진 물체를 찾으려고 하지 않는 것은 대상영속성의 개념이 아직 발달하지 못한 것으로 해석할 수 있다.

④ 하위 4단계

8~12개월에 해당되며, 이제 영아는 시야에서 사라진 물체를 적극적으로 찾으려고 한다. 그러나 영아가 보고 있는 동안에 물체를 다른 장소로 옮겨놓아도 처음 감춘 장소에서 물체를 찾는다.

|그림 4-15| 하위 4단계

출처 : EBS(2006). EBS 특별기획 아기성장보고서. 제2편 아기는 과학자로 태어난다.

⑤ 하위 5단계

12~18개월에 해당하며, 이제 영아는 장난감을 이리저리 숨겨놓아도 찾을 수 있다. 그러나 영아가 보고 있을 때 장난감을 감추면 장난감을 찾을 수 있지만 아직도 보이지 않는 곳으로의 이동은 이해하지 못한다.

⑥ 하위 6단계

18~24개월에 해당하며, 이 시기 영아는 대상영속성의 개념이 완전하게 발달한다. 이제 숨기는 장면을 목격하지 않은 대상물도 찾을 수 있게 된다.

3) 기억발달

(1) 기억의 세 과정

외부에서 들어온 정보를 기억 속에 저장했다가 나중에 필요할 때 꺼내는 과정은 크게 부호화, 저장, 인출의 세 가지 과정을 거치게 된다.

① 부호화

부호화는 정보를 나중에 필요할 때에 잘 기억해 낼 수 있는 형태로 기록하는 과정이다. 우리가 기억하는 이유는 나중에 필요할 때 효과적으로 꺼내기 위한 것으로, 우선 기억할 정보를 체계적으로 부호화하여 저장해야 손쉽게 꺼낼 수 있다. 부호화 과정은 도서관에서 서류를 정리할 때 분류기호를 사용하는 것과 비슷한데, 서류를 체계적으로 정리해 두면 나중에 필요할 때 찾기 쉬운 것과 같다. 여러 가지 서류를 아무렇게나 넣어둔다면 나중에 찾기가 어려울 것이다.

② 저장

저장은 정보를 기억 속에 쌓아두는 과정으로 감각기억, 단기기억, 장기기억의 세 과정으로 나뉜다. 강의실에서 수업이 진행되고 있는 중에 어떤 지각한 학생이 강의실을 잘못 찾아 수업 중인 강의실 문을 벌컥 열었을 때 강의실에서 수업받고 있던 학생들은 동시에 이 학생을 쳐다볼 것이다. 이때 이 학생은 깜짝 놀라 바로 다시 문을 닫았다고 가정할 때 잠깐 보게 된(1초 미만) 지각생의 모습이 감각기억이다. 만약 여기서 더 이상 아무 일도 일어나지 않고 그 학생을 다시 만날 일이 없다면 조금 전에 보았던 그 학생을 수 초 후에는 기억하지 못할 것이다. 그러나 쉬는 시간이 되어 화장실에 갔을 때 아까 강의실 문을 열었던 그 학생을 다시 만나게 되었다면 그 학생은 단기기억에 남게 된다. 그러나 단기기억도 얼마 가지 않아 소멸된다. 즉, 쉬는 시간이 끝나고 각자의 강의실로 돌아가서 다시는 그 학생을 만나지 못한다면 몇 분 후에는 그 학생을 기억하지 못하게 된다. 장기기억으로 저장하기 위해서는 그 학생과 다시 인연이 되어 여러 번 만나게 된다든지 다른 수업에서 다시 연속적으로 만나거나 서로를 잘 알게 되는 기회가 있어야 한다.

③ 인출

저장된 정보를 필요한 때에 꺼내는 과정을 인출이라고 한다. 기억된 정보를 잘 인출하려면 기억들이 체계적으로 잘 저장되어 있어야 한다. 인출의 종류에는 두 가지가 있는데, 첫 번째는 회상이다. 회상은 "어린이날은 언제인가?"와 같이 장기기억 내에 저장되어 있는 정보의 바다 속에서 해답을 찾아내는 과정이다. 두 번째로 재인은 장기기억 내에 저장되어 있는 정보와 보기에 제시된 정답을 짝짓는 것으로 "다음 중 어린이날이 언제인지 해당 번호를 쓰시오"와 같이 회상보다 훨씬 쉽다. 주관식 문제는 회상을 해서 풀어야 하고 객관식 문제는 재인을 이용한다.

(2) 영아기의 기억능력

영아기의 기억능력을 알아보기 위해 재인기억과 회상기억을 구별하는 것은 매우 중요하다. 재인기억과 회상기억을 통해 영아기의 기억발달에 대해 알아볼 수 있다.

① 재인기억

재인기억은 영아가 이전에 본 자극을 알아볼 수 있는 기억능력이다. 3개월 된 영아를 대상으로 한 모빌 실험에서 대부분의 영아들은 몇 주 후에도 이전에 보았던 모빌을 기억한다는 결과를 얻었다. 6개월 된 영아에게는 '장난감 기차놀이' 실험을 통해 재인기억 능력을 실험하였다. 첫돌이 될 때까지 한 달에 한 번씩 기차놀이를 하게 하였더니 1년 후까지도 기차놀이 방법을 기억하는 것으로 나타났다. 이처럼 영아는 일찍부터 상당한 재인기억 능력을 가지고 있다.

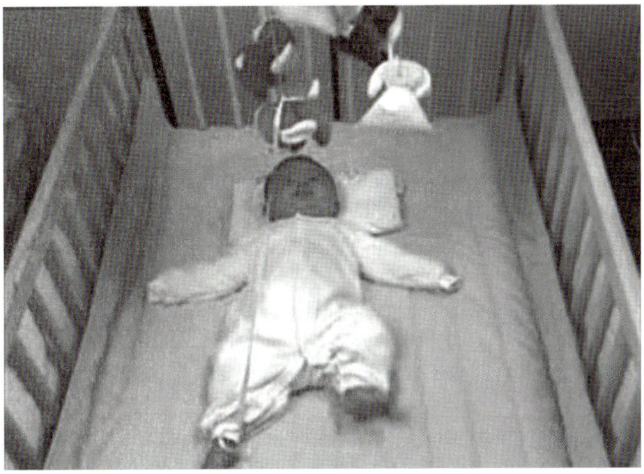

|그림 4-16| 3개월 된 영아의 재인기억 모빌 실험

출처 : EBS(2006). EBS 특별기획 아기성장보고서, 제2편 아기는 과학자로 태어난다.

② 회상기억

회상기억은 정보의 바다 속에서 해답을 찾아내는 기억능력이다. 영아의 회상기억 연구로는 7개월 된 영아가 항상 같은 곳에 있던 장난감이 제자리에 없자, '어?' 하고 놀란 표정을 보였던 실험이다. 13개월 영아는 '인형 목욕시키기' 실험에서 인형을 목욕시키는 행동을 빠짐없이 그대로 재연하였다. 이러한 연구결과로 볼 때 영아기의 회상기억은 훨씬 일찍부터 발달한다는 것을 알 수 있다.

3. 언어발달

1) 언어의 구성요소

언어 습득 과정은 형식, 내용, 사용 면에서 다섯 가지 구성요소로 발달하게 된다. 영아기에 매우 빠른 속도로 발달이 이루어지는 음운론적 발달과 의미론적 발달, 영아기 말에 시작해서 유아기까지 계속되는 구문론적 발달, 형태론적 발달, 화용론(어용론)적 발달 등이 있다.

(1) 음운론적 발달

음운론(phonology)은 언어의 소리체계를 의미하는 것으로, 소리의 강약, 억양, 발음 등이 포함된다. 음소(phonemes)는 소리의 기본 단위로, 모든 언어에는 모음과 자음의 기본 음소가 있다. 예를 들어, 한국어의 음소는 대략 30개이고, 영어의 음소는 40개 정도이다.

최근 연구결과(Kuhl, 1993; 2007)에 의하면, 영아는 단어의 의미를 이해하기 훨씬 전부터 의미 있는 소리와 의미 없는 소리를 가려낼 수 있다고 한다. 태어난 지 하루밖에 지나지 않은 신생아도 엄마와 다른 여성의 목소리를 구분할 수 있다(EBS, 2004)는 연구결과는 영아가 생의 초기부터 인간의 언어를 구성하는 '소리'를 구별할 수 있는 능력이 있다는 것으로, 그 '소리'는 150개에 달한다(Kuhl, 1993; 2007). 이는 영아가 어떤 음소든지 소리 낼 수 있고, 어떤 언어든지 말할 수 있는 잠재력을 가지고 태어난다는 것을 보여준다. 그러나 생후 1년경이 되면 모국어에 없는 소리는 내지 않고, 모국어에 있는 소리만 낼 수 있게 된다. 이것은 주위의 언어 환경이 모국어 환경으로 되어 있기 때문이며 생후 초기 결정적 시기에 모국어에 노출되지 않으면 언어습득을 할 수 없게 된다.

(2) 의미론적 발달

의미론(semantics)은 단어와 문장의 의미를 말한다. 모든 단어에는 일련의 의미론적 특징이 있다.

어떤 문장이 구문상으로는 정확하지만 의미론상으로는 정확하지 않은 경우가 있다. 예를 들어, "우리 아빠가 임신했어요"라는 문장에서, 이 문장은 문법적으로는 하자가 없지만 의미론적 규칙에는 맞지 않는다. 왜냐하면 아빠는 임신을 할 수 없다는 의미론적 지식에 위배되기 때문이다. 즉, '아빠'라는 의미와 '임신'이라는 의미가 불일치하기 때문이다.

(3) 구문론적 발달

구문론(syntax)은 의미 있는 구와 절, 그리고 문장을 형성하기 위해 단어가 배열되는 방식을 말한다. 한국어와 영어의 단어배열 순서는 다르다. 우리말은 주어, 목적어, 서술어의 순으로 배열되고, 영어는 주어, 서술어, 목적어의 순으로 배열된다. 문장을 이해하기 위해서는 문장의 구조에서 구문을 이해할 수 있어야 한다.

문법적으로 맞는 말과 맞지 않는 말이 있는데, 형태론과 구문론의 규칙이 결합된 것을 문법이라고 한다. 예를 들면, 영어의 동사를 과거시제로 만들기 위해서는 동사의 어미에 'ed'를 붙인다. 문법은 또한 문장 내에서 단어나 구, 절이 적절히 배열되는 것을 그 내용으로 한다. 따라서 구문론적 발달은 단어를 문법적으로 정확한 순서로 배열하여 문장으로 만드는 능력과 문법의 규칙을 이해하고 구사하는 능력이 발달하는 것을 의미한다.

(4) 형태론적 발달

형태론(morphology)은 단어의 구성을 의미하는 것으로, 형태소는 특별한 의미를 전달하는 소리의 기본 단위이다. 예를 들어, '순이가 사과를 먹는다'라는 문장은 '순이–는–사과–를–먹–는–다'로 7개의 형태소로 구성된 문장이다.

음소를 지배하는 규칙이 어떤 소리가 순서대로 발생할 것을 정해주듯이, 형태소를 지배하는 규칙은 일련의 소리가 의미 있는 순서로 발생할 것을 정해준다.

(5) 화용론(어용론)적 발달

언어의 중요한 기능 중의 하나는 의사소통이다. 화용론(pragmatics)은 의사소통을 효율적으로 하기 위해 언어를 적절하게 사용하는 규칙을 말한다. 예를 들면, 우리는 대화를 할 때 두 사람이 동시에 말하는 대신 한 사람씩 차례로 이야기하며, 두 살짜리에게 이야기할 때와 성인에게 이야기할 때 사용하는 단어와 문장구조가 각기 다르다. 그리고 무엇을 지시하거나 주장할 때와 무엇을 부탁하거나 요구할 때에는 언어를 사용하는 법이 제각기 다르다.

화용론은 사회 언어적 지식을 포함하는데, 모든 문화에는 언어가 어떻게 사용되어야 하는지에 대한 규칙이 있다. 예를 들어, 우리말에는 존댓말과 낮춤말이 있다. 화용론적 발달은 영아로 하여금 다른 사람과의 의사소통을 원활히 할 수 있도록 도와준다.

2) 언어발달의 이론

언어발달이 타고난 것이냐 아니면 학습에 의한 것이냐에 관한 논쟁은 다음 유아교육의 기초가 되는 세 가지 이론의 관점에서 논의해 볼 수 있다. 다음에서는 언어발달을 학습론적 관점, 생득론적 관점 그리고 상호작용론적 관점에서 살펴본다.

(1) 학습론적 관점

① 학습에 대한 견해

학습이론은 행동주의 이론이라고도 불리며 학습론자들은 모든 학습은 경험에 의한 결과라고 본다. 아동의 언어습득은 강화와 모방이라는 학습 기제를 통해 이루어진다고 설명하며, 언어발달에서도 학습 및 환경이 중요하다고 보는 입장이다.

② 강화와 보상

영아가 무심코 어떤 소리를 내거나 또는 성인의 언어를 흉내 낼 때, 부모가 성인의 언어와 비슷한 소리를 강화해 줌으로써 영아는 이런 소리를 더 자주 내게 된다. 이러한 경험을 통해 강화받은 소리는 계속적으로 발전시켜 나가며, 강화받지 못한 소리는 소멸되는 과정을 통해 언어를 학습하게 된다는 것이다. 즉, 긍정적 강화나 보상을 받은 경험에 의해 행동이 반복된다.

③ 학습자의 실수에 대한 해석

학습자가 실수를 하고 과제를 잘 수행하지 못하면 더 많은 연습이 필요하다고 본다. 예를 들어, 받아쓰기를 틀렸을 때 틀린 문제를 10번씩 반복해서 써오거나 시험에서 1등을 하면 상장을 수여하는 등 긍정적 강화나 벌, 모방, 반복연습 등을 통한 환경적 경험으로 언어를 습득하게 된다고 본다.

④ 언어습득에 대한 견해

주변 사람들로부터의 강화뿐만 아니라 모방을 통해 언어학습이 이루어진다. 영유아는 주위 사람들이 내는 소리를 그대로 모방하는 과정을 통해 언어를 학습하게 되며, 모방한 대로 정확한 소리를 낼 때 더 많은 강화를 받게 된다는 것이다. 이렇듯 언어경험을 통해 반복적으로 들은 것을 모방하며 익혀서 언어습득이 이루어진다고 본다.

(2) 생득론적 관점

① 학습에 대한 견해

학습에서의 개인차는 성숙 속도의 차이(유전)로 일어난다고 본다. 즉, 우리의 얼굴, 손, 발의 생김새와 발육과정이 부모에게서 받은 유전인자에 의해 결정되듯, 우리의 언어습득 능력과 발달과정도 부모에게서 받은 유전인자에 의해 결정된다는 것이다. 또한 청각장애가 있는 부모의 아기도 정상 부모의 아기와 똑같이 옹알이를 한다는 점에서 강화나 모방이론만으로는 언어발달을 설명할 수 없다고 주장한다(Lenneberg, 1967).

② 언어습득장치와 결정적 시기

촘스키(Chomsky, 1957)는 영유아는 뇌의 어느 부분에 언어습득을 관장하는 영역을 가지고 태어난다고 하였으며, 이 가설적 영역을 언어습득장치(LAD : Language Acquisition Device)라고 하였다. 또한 레네버그는 언어를 학습하는 데에 '결정적 시기'가 있다는 주장을 하며 '지니(Genie)'라는 소녀의 사례를 들었다.

13세 지니(Genie)의 언어발달

'지니(Genie)'라는 소녀는 1970년 미국 캘리포니아에서 발견되었다. 출생 후 20개월부터 13세가 넘을 때까지 아버지에 의해 작은 구석방에 격리되어 살아왔고 유아용 작은 의자에 하루 종일 묶여 있었다. 아무도 지니에게 말을 걸지 않았고, 지니가 어떤 소리라도 내면 아버지에게 심한 매를 맞았다고 한다.
그 후 언어학자인 커티스(Curtiss)의 7년 동안의 집중적인 언어 훈련으로 지니는 말을 배우게 되었지만 약 2세 정도 수준으로 말을 할 수 있게 되었으며, 끝내 정상적인 수준에는 도달하지 못하였다.

13세 때 카메라에 눈을 못 맞추는 지니의 무표정한 모습

출처 : Curtiss, S.(1977). Genie : A psycholinguistic study of a modern day : "wild child", pp. 35–37.

③ 학습자의 실수에 대한 해석

학습자가 실수를 한다는 것은 준비가 아직 안 되었다는 것을 의미한다. 영유아에게 무엇을 가르치기 위해서는 성숙될 때까지 기다려야 한다는 입장이다.

④ 언어습득에 대한 견해

생득이론에서는 인간은 이 세상에 태어날 때 이미 언어습득의 능력을 가지고 태어난다고 주장한다. 이와 같이 생득(生得)이론은 성인을 통해 언어를 배우기보다는 아동 스스로 배울 수 있는 가능성을 가지고 태어난다고 생각하기 때문에, 언어습득 과정에서 환경적인 요인보다 생물학적 요인을 더 강조한다.

(3) 상호작용론적 관점

① 학습에 대한 견해

개체와 환경과의 상호작용을 통해 학습이 이루어진다고 본다. 생물학적 성숙요인과 환경적인 학습요인이 서로 상호작용하여 발달이 이루어진다고 본다.

② 아기말(모성어)

부모가 영아의 언어발달을 지원하는 중요한 상호작용 방식은 '아기말(motherese)'이다. 모성어라고도 하는 아기말은 엄마가 아기에게 간단하고 짧은 말을 고음으로 천천히 핵심 단어를 강조하면서 여러 번 반복해서 말하는 것이다. 영아는 성인들이 대화할 때 주로 사용하는 단조로운 억양보다 높은 소리와 억양이 다양하게 변하는 아기식 말투에 주의를 더 많이 기울인다. 따라서 양육자가 아기식 말투를 사용하는 이유는 영아와 효율적으로 의사소통을 하기 위한 것이다.

부모는 아기식 말투를 사용하면서도 영아가 말한 내용을 문법에 맞도록 수정하거나 확장시켜 바꾸어 말한다. 수정되거나 확장된 언어를 더 많이 사용하는 부모의 자녀들이 문법 규칙을 더 빨리 배우며, 표현적 언어능력의 점수가 더 높은 것으로 나타났다. 부모가 영유아와의 상호작용을 통해 발달에 맞는 언어교육을 할 때 효과적인 언어발달이 일어난다. 영유아교사의 역할도 마찬가지이다.

③ 학습자의 실수에 대한 해석

상호작용이론에서는 영유아가 학습할 때 실수를 하고 과제를 잘 수행하지 못할 때 이를 실수라고 보지 않고 성인과 관점이 다를 뿐이므로 원인을 찾으려고 노력한다. 예를 들어, 유아가 이름을 잘 쓰지 못하면 소근육 조절능력이 아직 덜 발달되었기 때문이므로 대근육을 이용한 신체표현을 통해 이름쓰기 놀이를 해서 쓰기에 흥미를 느끼도록 한다.

④ 언어습득에 대한 견해

상호작용이론은 언어발달에서 생물학적 성숙도 중요하지만, 영아의 언어능력은 사회적 상황에서 얼마나 언어에 노출되는가에도 달려 있다고 주장한다. 생물학적 요인이 언어발달의 윤곽을 결정하지만, 언어발달의 구체적인 과정은 영아가 노출되는 언어 환경과 강화에 의해 결정된다는 주장이다. 예를 들어, 아기가 옹알이를 시작할 때 부모가 그에 맞추어 비슷한 발성으로 반응을 해주면 아기는 옹알이를 더 많이 하게 된다. 반면 부모가 아무 반응을 보이지 않으면 아기는 옹알이를 점점 하지 않게 된다.

이와 같이 상호작용이론에서는 영유아 스스로 배울 수 있는 가능성을 가지고 태어났으나 환경적으로 언어학습에 대한 모방이나 강화 등의 환경적 영향이 없거나 적다면 적절한 언어발달이 이루어지지 않을 수 있다고 본다.

3) 영아기의 언어발달 단계

(1) 음성언어 발달 단계

① 울음

언어발달의 첫 단계는 울음이다. 울음은 아기가 자신의 욕구를 표현할 수 있는 유일한 의사소통 수단이다. 초기의 울음은 미분화된 울음이지만, 점차 울음소리는 분화되어 나타난다. 울음소

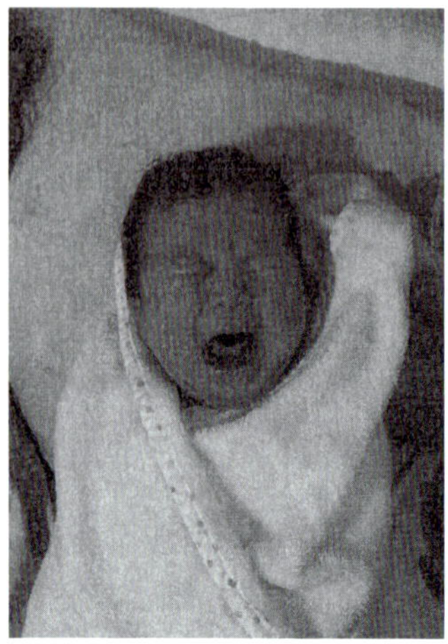

|그림 4-17| 언어발달의 첫 단계에서 영아는 울음으로써 의사전달을 한다

리에 따라 아기가 배고픈지, 졸린지, 화가 났는지 혹은 고통스러운지를 알 수 있게 되면서, 울음은 보다 정확한 의사전달의 수단으로 사용된다.

② 쿠잉

생후 1개월경부터 아기는 모음같이 들리는 소리를 만들어 낸다. 영아는 상호교환적으로 의사소통을 시작하며 엄마와 소리 주고받기 놀이로 반응한다. 쿠잉을 할 때 성인이나 엄마가 반응을 해주는 것은 아기가 말소리 및 패턴에 익숙해지게 하는 데 도움이 된다.

③ 옹알이

|그림 4-18| 아직 말을 못하는 영아도 부모와의 언어적 상호작용은 언어발달에 매우 중요한 역할을 한다

생후 2~3개월경에 나타나는 옹알이는 언어와 유사한 최초의 말소리로, 청각장애아도 처음에는 옹알이를 한다. 영아들이 쿠잉에 자음을 첨가하고 음절들을 반복함으로써 옹알이를 하며 7개월경이 되면 옹알이에 많은 음들이 포함되기 시작한다. 일반적으로 옹알이는 만족스러운 상태에서 가장 많이 나타난다. 옹알이는 그 자체가 영아에게 기쁨을 주는 놀이의 기능을 갖는다. 그러나 이후에는 자신의 옹알이가 환경에 주는 영향 때문에 옹알이를 하게 되며, 자신이 내는 옹알이 소리에 대해 주위에서 반응이 없으면 점차 옹알이를 하지 않게 된다. 반대로 어머니나 주변 사람들로부터 반응을 얻게 되면 점차 그 소리가 빈번해지고 다양해진다. 옹알이는 이러한 주변 인물로부터의 강화를 통해 모국어를 습득하는 중요한 기제로 작용한다. 생후 1년 동안 영아가 내는 옹알이 소리가 전 세계적으로 동일하다는 사실은 영아는 어떠한 언어든지 습득할 수 있는 잠재력을 가지고 있음을 말해준다(정옥분, 2013).

④ 한 단어 시기

생후 1년경이 되면 영아는 분명하게 이해할 수 있는 단어를 사용할 수 있으며, 그 단어가 자신의 생각을 표현하는 수단이 된다. 자음 하나와 모음 하나가 합쳐진 말의 반복이 대부분이며, 성인의 발음과는 차이가 있다. 동시에 하나의 단어가 전체 문장을 대신하므로, 영아는 그들의 부모가 이해하는 것을 돕기 위해 얼굴표정이나 몸짓을 함께 사용한다. 이는 사물이나 사건을 지칭하거나 자신의 기분이나 욕구를 표현하기 위해 주로 사용한다. 18개월 이후에는 어휘가 50~200개까지 증가한다.

⑤ 두 단어 시기

24개월경에는 영아는 문장을 만들기 위해 두 개 이상의 단어를 연결시켜 사용한다. 두 단어 문장은 한 단어 문장에 비해 보다 정교하고 명료하며, 두 단어를 결합시키는 것은 보편적으로 50개 정도의 단어를 말할 수 있을 때 가능하다. 초기의 결합 형태는 명사와 동사의 결합으로 이루어지는 전보문장식 언어이며, 의미를 가진 2개의 단어만으로 대화를 하며 자기중심적인 특성이 있다. 유아의 두 단어 표현 규칙에 대하여 문법적으로 해석하기도 하여 통사론적 관계를 강조하는 입장에서는 주축문법이라 부른다(김영실 외, 2014). 일반적으로 주축이 되는 단어(주축어)를 중심으로 단어(개방어)에 변화를 줌으로써 다양한 문장으로 표현하는 형태이다.

(2) 뇌의 발달과 언어

뇌신경과학 연구 분야는 1990년대 들어 급속하게 발전한 분자생물학, 자기 공명 영상 장치(MRI), 양전자 단층 촬영 장치(PET) 등으로 뇌의 구조와 기능 및 학습 원리가 과학적으로 밝혀지고 있다(중앙일보, 2002. 3. 14).

인간은 출생과 동시에 1,000억 개 이상의 뇌세포를 가지고 태어나는데, 태어나는 순간 뇌세포의 수는 더 이상 증가하지 않고 세포와 세포를 연결 짓는 시냅스가 증가할 뿐이다. 시냅스의 수는 생후 2세에서 3세에 정점에 달한다(Machado, 2003).

좌뇌에는 언어발달과 관련된 두 개의 중요한 언어영역이 있는데, 브로카 영역과 베르니케 영역이다.

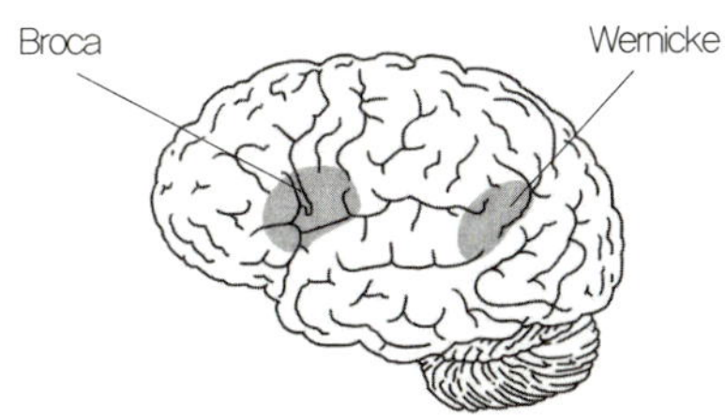

[그림 4-19] 대뇌피질의 언어 영역

① 브로카 영역

프랑스 외과의사이자 인류학자인 브로카는 뇌의 좌측 앞 부위에 언어의 뜻이 통하도록 작용하는 영역을 발견하였는데, 이 영역이 브로카 영역이다. 브로카 영역(언어 표현)이 손상되면 언어 이해는 가능하지만 말을 유창하게 하지 못하는 표현적 실어증에 걸리게 되며, 다음과 같은 증상을 보인다.

> 네, …아….월요일….어…..아빠하고 승환이(자기 이름)….하고, 아빠…..어……병원….수…..수요일, 9시…..또 오…. 목요일…..10시, 아…..의사….선생님…..두….의사….또…..어…..치과….네.

② 베르니케 영역

베르니케 영역은 독일의 신경정신과 의사인 카를 베르니케가 발견한 것으로, 뇌의 좌반구에 위치하는 특정 부위로 청각피질과 시각피질로부터 전달된 언어정보의 해석을 담당한다. 일반적으로 소음을 들을 때는 일차 청각영역이 활성화되지만, 단어와 같은 의미를 가진 소리를 들으면 뇌 좌측에 위치한 베르니케 영역에서 더 많은 활성화를 나타낸다. 베르니케 영역(언어 이해)에 손상을 입으면 언어 표현은 정상적이지만 무의미하고 이해할 수 없는 말을 하면서 타인의 말을 알아듣지 못하는 수용적 실어증에 걸리게 되며(조정숙 · 김은심, 2005 : 16) 다음과 같은 증상을 보인다(Hoff-Ginsberg, 1997: 394 재인용).

> 의사 : 오늘 어떠세요?
> 환자 : 기분이 좋아요. 듣기, 쓰기를 잘 해오고 있지요. 내가 들을 수 없었던 것들. 다시 말하자면 난 담배를 일할 수 있도록 사용했고, 난 20년 동안 그것을 쓸 수 있기 때문에, 난 그 사람이...어떻게... 몰랐다.

4. 사회·정서 발달

1) 사회성의 발달

(1) 사회성 발달의 개념과 중요성

인간은 태어나서 사회의 구성원이 되기까지 가정, 친구, 학교 등을 통하여 그 사회에 동화되는 사회화 과정을 거치게 된다. 사회화는 다른 사람들과 관계를 맺고 어떻게 행동해야 하는가를 학습하는 과정이다. 이러한 과정에서 형성되는 인간성을 사회성이라 한다. 즉, 사회성은 인간이 타인과 어울려 협동하고 사랑과 정을 나누는 사회관계에서 형성되며 사람들과 사귈 수 있는 개체의 능력 또는 개체의 사회 적응성, 대인관계의 원만성이라 할 수 있다. 또한 사회성은 대인관계를 중심으로 한 집단에서 사회적 규범이나 습관 등에 적응해서 양호한 관계를 맺고 사회적 욕구를 유리하게 달성해 가는 성향을 의미한다.

사회성은 출생 시 백지와 같은 상태인 영아가 어른에 의해 사회생활로 인도되면서 사회의 문화를 습득하는 것이며(Durkheim,1956), 한 인간이 사회적 자극에 대한 감수성을 획득하는 사회 집단에서 다른 사람과 공존하는 것을 학습하는 과정이다. 또한 피아제(Piaget, 1962)는 유아기의 사회적 상호작용은 사회적 경험과 사회적 지식의 학습활동을 통해서 자기중심적 사고를 제거해 주고, 여러 가지 사물과의 접촉을 통해 사회적 상호작용이 증진된다고 보았다(김혜원, 2007). 이와 같이 영유아는 출생과 더불어 자기중심적인 상태에서 점차 사회화 과정을 통해 가족과 사회의 일원으로 성장하게 되는 것이다.

영유아는 각자 태어난 문화, 시대, 성 등에 따라 기대되는 역할이 다르다. 이렇듯 영유아는 연령과 본인이 속한 환경, 각자의 능력에 따라 적응을 하게 되며 사회의 도덕과 규범에 순응하고 창조적으로 사회에 공헌하는 발달 단계를 거치게 된다(Sroufe, 1979).

사회성은 사회적 경험에 의해 형성된다. 또래집단과 어울려야 하는 영유아기에 친구와 어울리지 못하거나 대인관계의 형성이 적절하지 못하면 이후의 사회성까지 영향을 줄 수 있다. 즉, 영유아기에 긍정적 사회화 과정을 거치지 못하게 되면 청소년기와 성인기가 되어서도 원만하지 못한 인간관계가 형성될 수 있다. 이렇듯 영유아기의 사회적 행동은 이후 인생 전반에 걸친 사회적 행동에 영향을 미치므로 매우 중요하다.

(2) 사회성 발달 이론

사회성 발달에 대한 이론은 프로이트의 정신분석이론, 게젤의 성숙주의 이론, 피아제의 인지발달이론, 반두라의 사회학습이론 등을 들 수 있다.

① 정신분석이론 관점

프로이트의 정신분석이론은 영유아가 그들의 행위를 쾌락의 원칙에 따르도록 하는 본능적인 충동체계인 원초아를 가지고 태어난다고 본다. 즉, 쾌락과 만족을

구하는 데에만 흥미를 갖던 영유아가 성장 발달해 감에 따라 부모나 양육자에 의해 이유, 배변훈련을 받는 등 다양한 방식으로 충동이 억제된다. 원초아는 자아에 의해 통제를 받게 되며, 자아는 영유아가 현실의 원칙에 따르도록 한다. 프로이트의 이론에서 리비도, 오이디푸스 콤플렉스 등은 가족 내에서의 인간관계의 발달에 초점을 둔다. 즉, 가족 간의 다양한 관계를 통해 사회성 발달 및 성격의 차이가 생기는 것으로 보았다.

프로이트가 성격발달의 기초로 성적인 에너지, 즉 리비도를 강조한 것과 달리 에릭슨은 사회적인 에너지를 강조하였다. 에릭슨은 발달을 전 생애에 걸쳐 이루어지는 과정으로 보았고, 출생에서 노년기까지 각 단계마다 거쳐야 하는 발달과업을 제시하였다. 에릭슨은 인간의 발달과정을 발달과업과 대칭적인 개념인 발달의 위기를 함께 제시하여 두 개념의 균형적 발달이 다음 단계의 발달적 진행으로 원만하게 이어진다고 설명하였다. 즉, 긍정적 의미의 발달과업 성취와 함께 부정적인 발달 위기도 어느 정도 경험하는 것이 개인의 충실한 성장에 도움이 된다고 보았다. 에릭슨이 제시한 인간발달의 8단계에서의 정상발달은 각 아동의 독특한 생활환경과 문화적 맥락에서 이해해야 한다. 에릭슨은 각 단계에서의 위기를 만족스럽게 해결한다면 긍정적인 성격 발달이 보장되지만 긴장이나 갈등이 지속되면 자아발달의 손상을 입게 된다고 하였다. 또한 8단계 이론이 인간발달의 보편적 양상을 기술하고 있기는 하지만 개인이 각 단계에서 위기를 극복하는 방식에는 문화마다 차이가 있다고 하였다.

② 성숙주의이론 관점

게젤의 성숙주의 이론은 각 연령별 행동 규준을 만들어서 이 행동 규준에 따라 유아의 사회성 발달을 평가한다. 성숙주의 이론은 사회화 과정을 자녀 양육의 실제와 관련지어서 미리 만들어 놓은 사회적으로 중요한 연령별 행동 규준을 부모가 알고 이에 따라 자녀 양육을 할 수 있도록 한다. 그러나 개인차가 심한 영유아 모두에게 이러한 행동 규준이 적합할 수는 없으며, 영유아가 나타내는 사회적 행동의 이유나 원인을 파악하기 어렵다.

③ 인지발달이론 관점

피아제의 인지발달이론은 사회성 발달에서 중요한 요인으로 인지구조의 질적인 변화를 강조한다. 즉, 질적인 인지구조의 변화인 인지발달은 시간의 흐름에 따라 재조직되고, 새로운 인지구조 및 조작이 지속적으로 생겨난다. 피아제의 인지발달이론은 사회성 발달을 이해하기 위해서는 영유아의 인지, 사고 등의 내재적 변화에 대한 이해가 있어야 함을 설명하였다. 비고츠키의 사회문화적 인지발달이론은 영유아가 타인과의 관계에서 영향을 받으며 성장하는 사회적 존재임을 강조하였다. 또한 영유아를 이해하려면 그들이 성장해 가는 사회, 문화, 관습을 이해해야 함을 주장하였다. 즉, 비고츠키의 사회문화적 인지발달이론은 인간을 사회적 · 문화적 세계의 산물로 보는 인간발달에 대한 사회문화적 관점을 제시한 것이다. 이로 인해 1980년대 이후 영유아발달에 영향을 미치는 사회문화적 요인에 대한 관심이 증가하였다.

④ 사회학습이론 관점

반두라의 사회학습이론은 관찰학습과 모방을 영유아의 사회화 과정에 가장 강력한 도구로 보았다. 즉, 반두라의 사회학습이론은 사회적 상황에서 모델의 행동을 단순히 관찰만 하더라도 학습이 이루어질 수 있다고 보았고, 영유아는 관찰학습과 모방을 통해 공격성, 친사회적 행동, 성유형화의 행동을 하게 된다고 주장하였다. 또한 생의 초기인 영유아기에는 보상과 처벌이 없어도 주변 사람들을 단순히 바라보고, 말을 들으며 다양한 행동을 획득하게 된다고 하였다. 학습이론은 관찰 가능한 행동에 초점을 두고 행동의 변화를 가져오는 데 어떠한 환경적 요인이 있는가를 탐색하는 데 일차적인 목적이 있다.

(3) 사회 · 정서 발달의 과정

영아는 사람과의 접촉과 상호작용을 통하여 세상을 알아가게 되고, 자신을 인식할 수 있게 된다. 즉, 영아는 점차 사회를 인식하게 되면서 사회의 규칙, 방법,

기술 등을 터득해 나가게 된다. 이러한 과정 속에서 영아는 사회적 존재로 살아가게 되는 것이다(조복희, 2006). 영아의 사회성 발달을 위해서는 사람, 즉 인적 환경과의 바람직한 상호작용이 필수적이다. 영아는 다른 환경보다도 사람과의 직간접적인 접촉과 긍정적인 관계 형성, 의사소통 등을 통하여 사회성을 기르게 된다. 1세가 되면 영아의 사회적 반응은 더욱 분명히 나타나게 되고, 좋아하는 사람과 그렇지 않은 사람의 구분이 명확해진다. 또한 영아는 양육자와의 관계도 더 밀접해져서 타인과의 접촉이나 관계에 민감하게 반응한다.

신생아는 타인과 사회적 관계를 맺기 시작하면서 사회성을 발달시킨다. 영아는 자신의 의사를 타인에게 표현하고자 사회적 표현행동인 울기, 미소, 모방 등을 보이며 타인과 사회적 관계를 형성한다. 최초의 표현행동인 울음은 성장해 가면서 점차 분화되고, 사회적인 의사전달의 한 형태로 발달한다. 영아는 주위 사람들의 관심을 자신에게로 유도하기 위해 울고, 울음을 통해 자신의 의사를 전달함으로써 타인과의 관계를 갖게 된다. 2개월경 영아는 울고 있다가도 주위에 사람의 소리가 들리면 조용해지고, 사람이 다가오면 울음을 그치기도 한다. 3개월경 영아는 엄마가 안아줄 때보다 혼자 있을 때 더 많이 울고, 9~12개월경 영아는 엄마가 보이지만 안아주지 않을 때 더 많이 우는 경향이 있다(Bell & Ainsworth, 1972).

미소는 반사적 미소, 무선택적 사회적 미소, 선택적 사회적 미소로 발달해 간다. 출생 초기 영아는 혼자 아무 의미 없이 웃곤 하는데 이를 반사적 미소(reflexive smiling)라 한다. 반사적 미소는 생후 1개월까지 계속되며, 흔히 이를 배냇짓이라고도 한다. 사람 쳐다보는 것을 좋아하는 4~6주가 되면 처음 보는 사람에게도 미소를 짓는 무선택적 사회적 미소(unselective social smiling)를 띠지만, 5~6개월경 사람의 얼굴을 식별하게 되면 선택적인 사회적 미소(selective social smiling)를 짓는다. 이러한 미소 짓기를 통해 다른 사람의 관심을 끌고 사회적 관계를 맺게 된다(이숙재 외, 2003).

모방하기는 영아가 타인과 사회적 관계를 유지하는 중요한 표현행동이다. 12개월경 영아는 모방이 활발해지는데, 주로 자신과 애착 관계에 있는 성인의 말이나 행동을 따라 한다. 모방은 미소의 발달에서 나타나는 무선택적인 단계를 거치지 않고, 처음부터 영아가 애착을 느끼는 친근한 사람에게 선택적으로 지향한다. 이와 같은 모방은 영아와 성인 간의 상호적인 강화로 작용하기 때문에 애착을 촉진하기도 한다(김성희 외, 1998).

영아는 점차 양육자와의 관계에서 벗어나 친근한 성인이나 형제와 놀이를 함께 하기 시작한다. 영아는 초기 적응 과정에서 영아를 둘러싸고 있는 여러 환경, 즉 부모, 또래, 자연, 교사와의 적절한 관계를 맺는 과정을 통해 스스로 사회적 존재가 되어간다. 또한 영아는 사회적 표현행동을 통해 친근한 사람과 애착 관계를 형성한다. 이러한 애착 관계는 영아와 타인과의 관계 형성에 기초가 되어 이후의 사회성 발달에 영향을 미친다.

〈표 4-6〉 출생~36개월까지의 영아 사회성 발달

월 령	특 성
0~1개월	영아는 비교적 반응이 없으며, 외부의 자극에 대하여 거의 반응하지 않는다.
1~3개월	영아는 자극을 받아들이고, 흥미와 호기심을 나타내기 시작하며 사람을 보면 즉시 미소 짓는다.
3~6개월	영아는 무엇이 일어나려고 하는지 예측할 수 있고, 그렇지 않을 때에는 실망을 경험한다. 영아는 이것을 분노하거나, 조바심 내는 행동으로 표현한다. 영아는 미소 짓고, 목을 울리는 소리를 내면서 좋아하고, 종종 웃기도 한다. 이 시기는 사회적으로 눈을 뜨고, 영아와 양육자 사이에 초기의 상호 호혜적인 교환이 일어나는 시기이다.
6~9개월	영아는 '사회적인 놀이'를 하면서, 사람들로부터 반응을 얻으려고 노력한다. 영아는 다른 아기들에게 말하려고 하며, 만지고, 그들로부터 반응을 얻기 위한 행동을 한다. 영아는 더욱 분화된 정서, 즉 즐거움, 공포, 분노, 놀라움 등을 나타낸다.
9~12개월	영아는 주된 양육자에게 집착하며, 낯선 사람을 두려워하고, 새로운 상황에서 억제된 행동을 한다. 1년이 되면 영아는 기분, 감정의 변화를 표현하면서 정서를 더욱 명백하게 표현한다.
12~18개월	영아는 애착을 형성한 사람을 안전의 근거로 이용하여 환경을 탐색한다. 영아는 환경을 지배하면서 더욱 자신감을 갖게 되고 더욱 명백한 표현을 한다.
18~36개월	유아는 양육자로부터 얼마나 분리되어 있는가를 깨닫기 때문에 종종 불안하게 된다. 유아는 상상이나 놀이, 성인과의 동일시 과정에 의해 자신의 한계를 스스로 깨닫게 된다.

출처 : Sroufe(1979).

〈표 4-7〉 영아의 정서발달

출현 시기	정 서
출생	불만족
	만족
6주	사회적 미소
3개월	웃음
	호기심
4개월	환한 미소
	분노
9개월	낯선 이에 대한 공포
	분리불안
18개월	자부심
	수치심
	당황

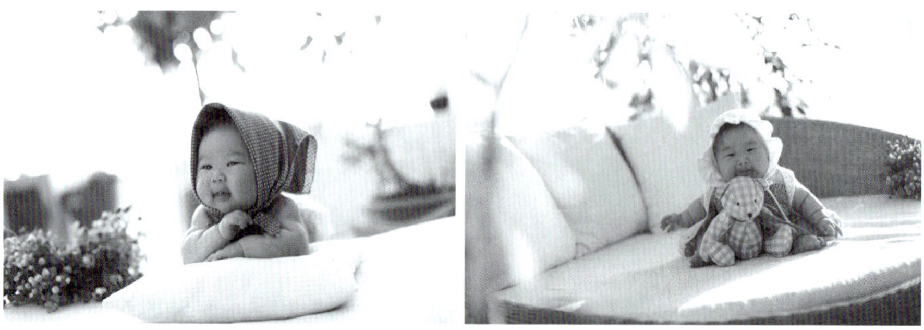

|그림 4-20| 3개월 영아의 미소, 불만족

2) 애착발달

(1) 애착의 개념 및 중요성

애착이라는 용어는 보울비(John Bowlby, 1969)가 모자간의 유대관계를 설명하면서 최초로 사용한 개념이다. 즉, 애착은 영아가 자신과 가장 가까운 사람(주 양육자, 보통은 어머니)과 강한 정서적 유대를 맺는 것을 의미한다(Ainsworth, et al., 1978).

애착은 영아기에 나타나는 중요한 사회적 발달현상 중 하나로, 한 개인이 자신과 가장 가까운 사람에게 느끼는 강한 정서적 유대관계이다. 영아의 경우에는 대부분 주 양육자인 어머니와 애착관계를 형성한다. 프로이트(Freud)가 심리발달에 있어 아기와 어머니의 정서적 유대관계가 중요하다는 사실을 처음으로 강조하였으나, 애착은 동물행동학적 이론에서 가장 많이 연구되었다.

영아의 사회적 관계는 다른 사람과의 애착 형성에서부터 시작한다. 영아는 자기 주변의 친숙한 사람에게서 특별한 애착을 형성한다. 영아는 애착을 형성한 사람이 보이지 않으면 찾게 되고, 애착을 형성한 사람에게서 떨어지게 되면 당황하고 불안해한다. 애착은 특정한 두 사람 간에 형성된 애정적인 유대관계이며, 특정 인물에게 애착을 형성한 영아는 그 사람을 세상을 탐색하는 안전기지로 사용한다(Bowlby, 1969).

영아의 애착 형성은 이후의 사회성 발달에 결정적인 영향을 미친다. 즉, 영아기에 안정된 애착을 형성하지 못하면 신뢰감과 자신감을 발달시킬 수 없게 된다. 또한 영아기에 형성된 애착의 질은 이후의 발달과 밀접한 관계가 있다. 안정된 애착 관계를 형성한 영아는 사람에 대한 신뢰감, 자신감, 호기심, 타인과의 관계에서 긍정적인 성향을 나타내고 어려운 과제도 잘 해결하며 좌절도 잘 참아내고 문제행동도 덜 보인다. 반면 불안정한 애착 관계를 형성한 영아는 아동기 후기에 적대적이고 공격적인 성향을 보이면서 다른 사람과의 원만한 관계를 형성하는 것이 어려워질 수 있다(조성연 외, 2005).

(2) 애착발달의 이론

애착발달을 설명하는 이론으로는 어머니가 수유를 통해 구강적 욕구를 만족시켜 주는 데에서 애착이 발달한다는 정신분석이론, 애착을 학습 경험의 산물로 보는 행동주의 이론, 영아의 인지적 발달에 의해 특정 인물에 대한 애착이 형성되는 것으로 보는 인지발달이론, 애착이 종의 생존과 연관되고 본능이 애착 형성 과정에서 중요한 역할을 한다고 보는 동물행동학 이론을 들 수 있다.

애착발달이론은 다소의 견해 차이는 있으나 영아가 애착을 통해 사회성 발달을 이루고, 기본적인 신뢰감과 안전감이 형성된다는 데 동의한다.

① 정신분석이론

정신분석이론에서는 출생 후 1년 이내의 영아는 구강 부위를 통해 모든 만족을 추구한다고 본다. 따라서 영아가 수유를 통해 욕구를 충족시켜 주는 어머니에게 의존하며 애착을 형성한다고 본다. 어머니가 영아의 수유욕구를 애정을 가지고 편안한 분위기에서 일관성 있게 충족시켜 준다면 영아는 어머니에 대한 신뢰감이 형성된다. 이러한 기본적인 신뢰감을 형성한 영아는 안정된 상태로 외부 환경에 관심을 갖게 된다. 애착을 통해 어머니(또는 주 양육자)와 기본적 신뢰감이 형성된 영아는 자아가 발달하게 되며, 이후의 사회성 발달과 성격발달에 긍정적 영향을 미치는 것으로 본다. 반면에 어머니와 영아 간에 애착 형성이 원만하지 못할 때에는 영유아의 발달상의 문제가 초래되며, 이후의 사회성에 부정적 영향을 미치는 것으로 본다.

② 행동주의 이론

행동주의 이론에서는 영아가 어머니에게 의존행동을 하는 것은 어머니가 수유를 통해 반복적으로 영아의 배고픔을 해결해 준 것이 학습된 결과라고 본다. 즉, 영아가 어머니를 따라다니고 매달리고 안 보이면 울고 찾는 등의 의존 행동이 어머니가 반복적으로 수유를 함으로 인한 학습과 경험의 산물이라 본다. 그러나 동물과 인간을 대상으로 하는 연구들에 의해 의문이 제기되고 있는데, 보울비(Bowlby)는 애착이 배고픔과 같은 일차적 욕구 충족에 의한 것만이 아니라는 것을 할로우(Harlow)의 실험결과를 들어 설명한다(그림 4-21 참조).

영아를 대상으로 한 연구에서 영아는 수유를 해주는 어머니 이외의 사람, 예를 들어 아버지, 조부모, 형제, 또래 영아와도 빈번한 애착행동을 보이게 된다. 이는 영아가 타인에게 애착하고자 하는 것은 단순한 배고픔을 해결하기 위한 것보다는 타인과의 접촉을 통해 정서적인 안정감을 얻고자 함을 알 수 있게 하는 점이다.

③ 인지발달이론

인지발달이론에서는 영아의 사회적 행동은 영아의 기본적인 인지과정과 관련이 있는 것으로 본다. 즉, 영아의 인지적 발달이 우선 이루어져야 특정 인물에 대한 애착을 형성할 수 있다고 본다. 애착을 형성하기 전에 영아는 인지적으로 낯선 사람과 익숙한 사람을 구별할 수 있어야 한다. 또한 대상영속성 개념이 형성되어야만 애착이 형성된다고 본다. 즉, 애착대상이 자신의 앞에서 사라져서 더 이상 존재하지 않는다고 믿는다면 그 사람과의 애착 관계를 형성하는 것이 어려운 것으로 본다. 반면에 대상영속성 개념이 형성되어서 애착대상이 자신의 앞에서 사라져도 다시 나타난다는 것을 알고 있을 때 애착 관계가 형성될 수 있다.

④ 동물행동학 이론

동물행동학 이론에서는 애착의 발달이 사회적 학습에 의해 촉진되기는 하나 생존에 관련된 본능적인 반응의 결과로 본다. 즉, 애착 행동은 인간의 생득적인 반응인 빨기, 울음, 미소, 매달리기, 따라다니기와 같은 초기 사회적 신호체계를 모체로 하고, 어머니 또한 영아를 마주 보고 앉거나, 영아를 접촉하는 것을 통해 만족감을 느끼는 등의 내재적인 특별한 반응양식이 있어, 모자간의 사회적 상호작용을 통해 애착이 발달한다고 본다(정옥분, 2002).

애착에 관한 동물행동학 이론은 로렌츠(Lorenz)의 각인 연구에서 시작되어 보울비의 애착형성이론에 영향을 주었다. 사회적 상호작용을 강조한 보울비의 애착이론은 애착이 배고픔과 같은 일차적인 욕구 충족과 상관없이 발달한다는 할로우(Harlow, 1959)의 실험에 근거한다. 할로우는 새끼 원숭이를 어미 원숭이와 격리시킨 후 철사로 만든 어미 원숭이 모형에서 우유가 나오도록 하고, 우유는 나오지 않지만 표면이 부드러운 천으로 감싼 어미 원숭이 모형과 함께 있도록 하였다. 새끼 원숭이는 배가 고플 때에만 철사로 만든 어미 원숭이 모형에서 우유를 먹고, 나머지 대부분의 시간은 부드러운 천으로 감싼 어미 원숭이 모형에 매달려 있었다. 할로우의 연구결과는 배고픔을 해결해 주는 수유만이 애착을 형성하는 데 중요한 요인이 아니라는 사실을 일깨워 준다. 즉, 단순히 수유를 통해 배고픔을 해결해 주는 것만이 애착의 기본이 아니라는 것을 분명하게 설명한다. 보울비는 애착 그 자체가 강한 생물학적 근거를 가지고 있으며, 종의 보존과 생존에서 중요한 의미를 갖는 것으로 이해해야 한다고 주장한다. 보울비(1969)에 따르면 애착은 종족을 보존하기 위한 목적으로 주위 환경에 적응해 나가는 데 필요한 요소이며 애정이나 사랑과 같은 긍정적 의미를 가진다. 동물행동학 이론은 애착발달이론 중 현재 가장 널리 받아들여지고 있는 이론이다.

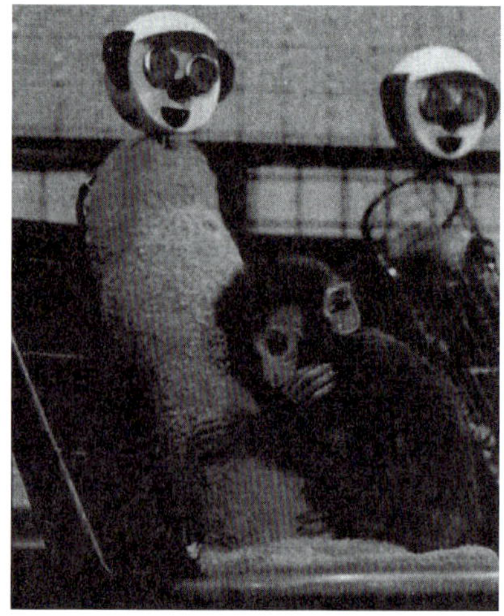

[그림 4-21] 할로우의 원숭이 실험

출처 : 조복희 외(1997). 아동발달.

(3) 애착발달의 단계

보울비는 애착의 발달 과정을 전 애착 형성 단계, 애착 형성 단계, 분명한 애착 형성 단계, 상호 호혜적 애착 관계의 형성 단계라는 네 단계로 분류하였다.

① 1단계 : 전 애착 형성 단계(Preattachment Phase : 출생~6주)

이 단계의 영아는 주로 반사적인 반응으로 미소, 울음, 눈으로 물체를 추적하여 사람을 찾는다. 이 시기의 영아는 성인으로부터 신체적인 접촉을 이끌어 내는 신호를 보내고, 성인이 안아주고, 등을 두드려 주며, 부드럽게 이야기하면 안정감을 느낌으로써 성인이 보내는 자극에 반응을 보인다. 이 단계에 있는 영아는 어머니와 특별한 애착 관계를 형성하지는 않더라도 다른 성인들보다 어머니의 냄새와 음성을 선호하는 반응을 보임으로써 초보적인 수준에서나마 어머니를 감각적으로 인식하기 시작한다.

② 2단계 : 애착 형성 단계(Attachment-in-the-making Phase : 6주~8개월)

이 단계의 영아는 어머니를 보다 뚜렷하게 선호하는 반응을 보이므로 낯선 사람보다는 어머니를 보고 미소 짓고 지속적으로 바라본다. 그러나 이 시기의 영아는 낯선 사람과 자신의 어머니를 지각적으로 구분함에도 어머니와 떨어질 때 격리불안을 보이지는 않는다. 이는 이 시기의 영아가 아직까지는 분명한 애착 관계가 발달되지 않았기 때문이다.

③ 3단계 : 분명한 애착 형성 단계(Clearcut Attachment Phase : 8개월~2세)

이 단계의 영아는 어머니와 떨어질 때 매우 당황하고 불안해하는 격리불안을 보임으로써 어머니에 대한 애착을 분명하게 나타낸다. 이 시기의 영아는 기기와 걷기가 가능해지면서 다른 누구보다 어머니에게 빈번하게 접근하고 따라다니며 매달리면서 의도적으로 어머니를 가까이 두고자 한다. 대상영속성 개념이 발달되지 않은 영아는 어머니를 하나의 영속적인 대상으로 인식하지 못하여 어머니와 떨어질 때도 별다른 저항반응을 보이지 않으나, 대상영속성 개념을 빨리 획득한 영아일수록 이 단계가 빨리 시작된다(Reed & Leiderman, 1983; Schaffe & Emerson, 1964).

④ 4단계 : 상호 호혜적 애착 관계의 형성 단계(Formation of Reciprocal Relationship Phase : 2세 이후)

이 단계의 영유아는 2세 말경에 언어와 정신적 표상능력의 발달이 가속화되면서 어머니가 언제 다시 돌아올지를 예측하게 되어 격리불안이 급격히 감소한다. 이 시기에는 어머니와의 관계에서 자신을 어머니에게 맞추려고 하기보다는 요구, 설득을 통해 어머니의 목적을 바꾸기 위한 행동을 적극적으로 하게 된다. 인지가 발달하고 이해력이 발달함에 따라 아무런 말도 없이 어머니가 외출하면 격리기간 동안 계속 우는 반면, 곧 돌아온다고 설명해 주어 어머니가 없는 동안에 장난감을 가지고 놀고 있으라고 하면 어머니의 부재를 보다 쉽게 이해할 수 있다. 그러므로 어머니가 외출 시에는 말없이 가기보다는 어디에 가는지, 언제 돌아올 것인지에 대한 이야기를 분명하게 설명해 주어 영유아의 격리불안을 감소시켜 줄 수 있다.

(4) 애착발달의 유형

에인즈워스(Ainsworth, 1973)는 애착이란 한 사람 또는 동물이 자신과 다른 특정한 개체 사이에 형성하는 정서적 유대로서 시간과 공간을 초월하여 그들을 결속시키는 유대감으로 보았다.

에인즈워스는 낯선 상황을 만들어 영아와 어머니의 애착의 질을 측정하였으며 영아의 행동을 관찰한 후 애착의 질 면에 차이가 있는 네 가지의 애착행동 유형을 설명하였다.

① 안정애착아

안정애착된 영아는 낯선 사람보다 어머니를 뚜렷하게 선호하며 어머니가 실험실 밖으로 나가면 울기도 하지만 어머니가 실험실로 되돌아오면 즉각 울음을 멈추고 어머니와 적극적으로 접촉하려고 한다. 안정애착아는 어머니를 안전의 기반으로 삼아서 환경을 잘 탐색한다.

② 불안정 회피 애착아

불안정 회피 애착아는 새로운 환경 탐색에 관심이 없고, 어머니가 떠나도 거의 울지 않고 불안해하지 않는다. 어머니가 돌아왔을 때는 어머니와 접촉하기를 꺼리며 어머니가 접촉하려고 하면 거부하지는 않으나 적극적으로 안기거나 하지는 않는다.

③ 불안정 저항 애착아

불안정 저항 애착아는 어머니와 함께 있는 경우에도 새로운 환경을 탐색하지 않으며, 어머니와 분리되기 전부터 미리 불안감을 가지고 있다. 어머니가 실험실 밖으로 나가면 극심한 불안과 함께 몹시 당황하고 울음을 보이나 어머니가 돌아왔을 때 처음에는 어머니에게 안겨 있다가도 화를 내며 발로 차고 밀어내는 등의 반응을 보인다.

④ 불안정 혼돈 애착아

불안정 혼돈 애착아는 회피와 저항이 복합된 반응을 보이며 어머니가 실험실 밖으로 나갈 때 전혀 반응이 없거나 매우 심한 불안을 나타내기도 한다. 어머니가 다시 돌아왔을 때도 어머니가 안아줌에도 불구하고 먼 곳을 쳐다보거나 전혀 관심을 나타내지 않고 굳은 표정으로 행동한다.

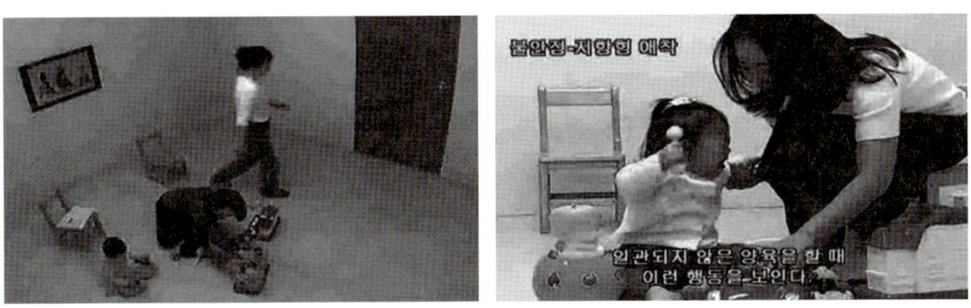

|그림 4-22| 애착행동의 유형

출처 : EBS(2006). EBS 특별기획 아기성장보고서, 애착. 행복한 아기의 조건.

3) 기 질

(1) 기질의 정의

기질은 비교적 지속성을 띠고 나타나는 개인의 특성으로, 정서적 자극에 대한 민감성, 반응시간, 반응강도, 기분의 종류 등 정서적 특성으로 일컬어질 수 있는 모든 특성을 말하며 유전적인 성격을 가지고 있다. 기질은 유아가 환경과의 상호작용을 하는 행동양식(McDevitt & Carey, 1978)이며, 유전적인 근거를 가지고 영아기에 어느 정도의 계속성을 보인다. 또한 한 개인에 대해 객관적으로 정의할 수 있는 특징이며, 환경에 의해 영향을 받는다(Bates, 1980). 기질은 성격 양식의 질로서 '어떻게 일관되게 행동하는가' 하는 방법을 말하는 것으로, '무엇을 행하고 얼마나 잘할 수 있으며 왜 행하는가' 하는 능력 및 동기와는 상이한 것이다. 기질은 원인론이나 불변론의 의미가 아닌 유기체의 다른 특성들처럼 환경적 요인에 의해 영향을 받는다(Thomas & Chess, 1977). 이에 반해 기질의 유전적인 영향을 강조한 학자들은 유전적 성격 특성으로 기질을 정의하고, 기질이 태내 및 생물학적 요인들의 영향을 받기 때문에 상당히 안정성을 가진다고 하였다. 기질은 생물학적 · 생리학적 결정 요소와 관계되는 특성으로 비교적 성장 발달에 따라 잘 수정되지 않는 특징을 가지고 있으며, 성격의 다른 면보다 유전적 요인이 많이 작용한다. 즉, 기질은 지능이나 체질과 같이 선천적인 특징으로써 성격이 형성된다는 입장이다. 기질에 대한 정의는 학자마다 차이가 있으나 두 가지 관점에서는 공통된 점을 보인다(홍순옥 외, 2013).

첫째, 유전의 영향을 받으며 지속성이 있다. 또한 영유아기 동안에 특정 기질이 지속되는 일정한 시기가 있으며 일정 시기까지 지속된 기질만이 성인기까지 지속되는 것으로 밝혀졌다. 쌍생아 연구에서 일란성 쌍생아가 이란성 쌍생아보다 대부분 기질 특성에서 훨씬 더 유사한 모습을 보이는 것으로 나타났다.

둘째, 환경의 변화에 의해 기질의 변화가 가능하며, 역동적인 과정을 통하여 발달한다. 낯가림이 심한 영아는 유아기에도 여전히 낯선 사람을 두려워하고, 아동기에도 특히 까다로운 성향을 보여준다. 또한 낯선 사람이나 상황에 대해 움츠러드는 경향을 보이는 행동억제는 상당히 지속성이 있는 것으로 나타났다. 갑작스러운 환경의 변화 및 지속적인 부모의 부정적인 양육태도는 영유아의 기질의 변화를 가져올 수 있다.

(2) 기질의 유형

기질에 관한 과학적인 연구는 게젤(Gesell, 1937)의 연구에서 시작되어 토마스와 체스(Thomas & Chess, 1986)의 뉴욕종단연구를 통해 더욱 활성화되었다. 그들은 종단연구를 통해 기질을 구성하는 9가지 기질범주가 기능적으로 중요성을 갖는 것을 밝혀냈다. 기질의 범주 9가지 특성에서 영아는 매우 다른 반응을 나타내었으며, 순한 기질의 영아, 까다로운 기질의 영아, 적응이 느린 기질의 영아의 세 가지 특성을 보이는 유형으로 분류할 수 있다.

〈표 4-8〉 토마스와 체스의 기질 구성요소

구성요소	내 용
활동수준	활동적 기간 대 비활동적 기간의 비율
규칙성	수면, 잠들지 않는 것, 배고픔, 배설과 같은 신체 기능의 규칙성
접근/ 회피	새로운 대상, 음식, 사람에 대한 반응
산만성	환경으로부터의 자극이 행동을 바꾸는 정도
적응성	새로운 장소에서 잠자거나 먹는 것과 같이 환경의 변화에 영아가 손쉽게 적응하는 것
주의력과 지속력	모델을 바라보거나 장난감을 가지고 노는 것과 같은 활동에 투자하는 시간의 양
반응강도	소리내어 웃기, 울기, 말하기, 전체 운동활동과 같은 반응의 에너지 수준
반응역치	반응을 유발하기 위해 요구되는 자극의 강도
기분 특성	불쾌하고 우호적이지 않은 행동에 반대되는 우호적이고 즐거운 행동의 양

순한 기질의 영아는 행동이 규칙적이고 새로운 자극에 긍정적인 접근을 하고 변화에 대해 높은 적응력을 나타내었다. 또한 정서적 강도는 온화하거나 적절한 것이 특징이다. 이런 영아는 전체의 40%를 차지하고 있으며, 새로운 환경에 쉽게 적응하는 경향을 보인다.

까다로운 기질의 영아는 생리적 기능에 있어서 불규칙적이고 새로운 자극에 대해 부정적 회피를 보인다. 변화에 대해 적응을 하지 못하거나 느린 적응을 하고 자주 부정적인 기분을 나타내는 것이 특징이다. 까다로운 기질의 영아는 변화에 대한 적응이 오래 걸리고 좌절되었을 때 종종 발끈 화를 내며, 전체 영아의 10%를 차지하고 있다.

적응이 느린 기질의 영아는 새로운 자극에 대해 약한 강도의 부정적 반응을 나타내며, 반복된 접촉 후에야 느리게 적응하는 것이 특징이다. 반응의 강도 역시 약하고, 생리적 기능에 있어서도 덜 불규칙적으로 나타나는 것이 특징이다. 흔히 수줍어하는 아이들로서 전체 영아의 15%가 해당된다.

〈표 4-9〉 기질의 유형에 따른 영아의 특징

구 분	특 성	양육법
순한 기질의 영아	• 타인에게 다정함을 보인다. • 유별난 행동적 특성은 보이지 않는다. • 다른 사람과도 잘 어울린다. • 혼자서도 즐거운 기분으로 잘 논다. • 어머니나 선생님의 지도에 잘 따른다.	• 부모와 트러블이 생길 우려가 적다. • 자기 주장이 강할 때도 있으므로 항상 부모의 의견에 따르도록 강요하는 것은 좋지 않다. • 자율감 및 주도성이 떨어질 수도 있으므로 자율적으로 행동하도록 격려한다.
까다로운 기질의 영아	• 혼자서도 잘 돌아다닌다. • 사물에 대한 관심이 빨리 움직인다. • 활동적인 대신 주의가 산만하다. • 좋아하는 것과 싫어하는 것에 대한 의사표현이 확실하다.	• 영아의 요구와 바람을 인정한다. • 현재의 상황을 인식시킨다. • 가능한 대안을 제시한다. • 마지막 선택을 제시한다.

적응이 느린 기질의 영아	• 항상 어머니의 손을 잡고 다닌다. • 탐색을 오랫동안 지속한다. • 새로운 사물을 접할 때 조심스러운 반응을 보인다. • 활동성이 낮고 규칙적이다. • 자신의 의사를 잘 드러내지 않는다.	• 영아가 자신감과 자존감을 느낄 수 있도록 기다리고 지켜봐 준다.

출처 : 김경미 외(2015). 일상생활에서 발견하는 유아발달심리.

|그림 4-23| 기질의 유형

출처 : EBS(2006). EBS 특별기획 아기성장보고서, 육아의 키워드 기질

(3) 기질과 양육태도

기질은 유전적 · 생물학적 요인에 의해 영향을 받으며 부모의 양육태도 등 환경에 의해 개인차를 보인다. 기질은 선척적인 부분이 있기는 하지만, 환경과의 상호작용, 특히 양육자와의 관계 속에서 달라질 수 있다. 일반적으로 부모는 까다로운 기질을 지닌 영아보다는 순한 기질을 지닌 영아를 양육하는 것이 쉽다. 까다로운 기질을 지닌 영아는 생활패턴이 불규칙하고 짜증과 화를 자주 내기 때문에 부모는 양육을 하는 데 어려움과 좌절을 경험하게 된다. 이때 부모는 영아의 욕구에 민감하게 반응하고, 인내심을 가지고 영아의 상태를 이해하며, 낯선 상황에 익숙해지도록 너그럽게 기질이 안정되기를 기다려야 한다. 이러한 상황을 잘 극복한다면 영아와 부모는 조화로운 관계를 형성하게 되고, 이후의 기질발달에도 긍정적인 영향을 미치게 된다(심성경 외, 2010).

※ 다음 문제를 읽고 맞으면 ○, 틀리면 ×로 답하시오.

1. (　　) 영아기의 뇌 발달은 매우 빠른 속도로 이루어지며, 태내기와 함께 일생 중 어느 시기보다 빨라서 12개월경에는 성인 뇌의 30%가 된다.
2. (　　) 영아기의 소근육 발달은 근원발달의 원칙에 따라서 팔, 손, 손가락의 순서로 진행된다.
3. (　　) 피아제(Piaget)의 감각운동 하위 단계 중 이차순환반응의 협응이 일어나는 시기는 8~12개월에 해당되며 이 시기에 대상영속성 개념을 획득하기 시작한다.
4. (　　) 18개월 이후에는 어휘가 50~200개까지 증가하며 곧 두 단어 문장이 나타난다.
5. (　　) 영아는 사람과의 접촉과 상호작용을 통해 세상을 알아가고, 자신을 인식하게 된다. 영아의 사회성 발달은 사람과의 관계, 즉 인적 환경과의 바람직한 상호작용이 필수이다.
6. (　　) 애착은 영아가 자신과 가장 가까운 사람인 어머니 또는 주 양육자와 강한 정서적 유대를 맺는 것을 의미하며, 특정 인물에게 애착을 형성한 영아는 그 사람을 세상을 탐색하는 안전기지로 사용한다.

※ 다음 괄호 안에 적절한 단어를 넣으시오.

7. (　　　　　)은(는) 어떤 감각을 통해 익힌 물체를 다른 감각에 의해 알아보는 능력으로서 출생 시부터 존재한다.
8. (　　　　　)은(는) 어떤 행동을 목격한 후 그 행동을 그 자리에서 곧장 모방하지 않고 일정한 시간이 지난 후에 그 행동을 재현하는 것을 말한다.

Chapter 05

유아기

1. 신체 · 운동 발달
2. 인지발달
3. 언어발달
4. 사회 · 정서 발달

Chapter 05

유아기

1. 신체·운동 발달

1) 신체 성장 및 비율

유아의 신체발달은 영아기처럼 급속도로 이루어지지는 않는다. 하지만 유아기에도 신체 및 운동 발달은 꾸준한 성장과 발달을 보인다. 유아는 키와 몸무게가 증가하며 뇌와 신경체계도 중요한 발달을 계속한다. 영아기 이후에 신장은 매년 5~7cm 정도 증가하며 6세가 되면 115cm 정도로 성장한다. 유아기의 신장은 성인기의 신장이 얼마 정도인지를 예측해 볼 수 있는 하나의 지표가 될 수 있다.

신체의 비율에서도 신장에 대한 머리 크기의 비율이 급격히 감소하게 되며, 초등학교 입학 시기 쯤에는 머리가 크고 무거워 보이는 모습에서 벗어나게 된다. 유아기에는 체중의 증가도 완만하게 이루어져 6세경에는 20kg 정도의 몸무게가 된다. 이와 더불어 두뇌의 발달은 영아기와 마찬가지로 급속하게 이루어진다. 즉, 두뇌의 크기가 2세경에는 성인의 두뇌 크기의 75%, 5세경에는 성인의 90%까지 성장한다(정옥분, 2002). 또한 유아기에는 점차 팔다리가 길어지고 체지방도 천천히 감소하면서 몸통이 가늘어지는 등 신체비율도 달라진다. 전체적으로 통통하던 영아의 모습에서 점차 길고 홀쭉한 체형으로 변화한다.

유아의 골격은 영아기를 거쳐 점차 단단해진다. 따라서 유아의 겉모습도 예전보다 튼튼해 보이며 내부기관도 영아기에 비해 골격의 보호를 더 받을 수 있게 된다. 유아의 골격의 발달은 운동발달과 몸의 균형에도 중요한 영향을 미친다. 유아기의 골격의 성장 및 발달은 유전, 영양, 건강관리 등의 영향을 받는다.

2) 신체 골격, 근육 및 뇌 발달

영아기와 마찬가지로 유아기 역시 뇌 발달의 중요한 시기이다. 유아는 뇌가 발달해 감에 따라서 신체 협응, 지각, 주의, 기억, 언어, 논리적 사고, 상상 등의 발달이 이루어진다. 뇌와 머리의 크기는 앞서 이야기한 두미발달의 원칙에 의해 다른 신체영역에 비해 빠르게 발달한다. 유아기는 종합적인 사고를 담당하는 전두엽과, 과제를 전체적으로 처리하고 정서, 리듬 및 대근육 움직임을 담당하는 우뇌가 집중적으로 발달하는 시기이다. 이 무렵은 우뇌가 주로 발달하는 시기로, 아직 외국어 교육이나 문자지도를 도입하기에는 이른 편이다.

부모가 유아의 뇌 발달과 무관하게 학습지도를 서두르면 유아는 위협이나 공포를 느끼게 되므로 유아의 뇌가 고차원적인 사고를 하기보다는 생존지향적인 기능으로 돌아가게 된다. 따라서 부모가 하나라도 더 가르치기 위해 유아를 계속해서 다그치며 위협적인 상황으로 몰고 간다면 오히려 유아의 뇌에 부정적인 영향을 주게 될 것이다. 물론 이러한 경험들이 일시적으로 단순한 사실을 암기하는 데에는 도움이 될지는 모르지만, 고차원적인 사고기능이나 창의적인 사고를 개발하는 것과는 무관하다. 이처럼 유아의 뇌 발달에 부정적인 영향을 주는 요소로는 심리적 충격이나 학대, 애착 부족, 어머니의 우울증, 약물, 빈곤 등이 있다. 유아가 이러한 부정적인 경험을 하게 되면 인지능력뿐만 아니라 정서조절 능력이 손상되어, 후에 스트레스를 받거나 자신의 욕구가 좌절되는 상황에서 공격성이나 폭력성을 나타낼 수도 있다.

3) 운동기능 발달

(1) 대근육 발달

유아기는 신체발달과 더불어 대근육의 발달이 이루어진다. 즉, 유아는 달리고, 구르고, 기어오르고, 뛰어오르는 등의 다양한 대근육 운동능력이 나타난다.

유아기는 머리 크기의 비율이 작아지면서 몸의 무게중심이 아래로 내려가므로 균형을 잡을 수 있기 때문에 대근육 운동기능이 발달한다. 대근육 운동이란 큰 근육을 사용해서 움직이는 것으로 걷기, 달리기, 뛰기, 공 던지기, 계단 오르내리기 등을 하는 것을 의미한다.

첫돌을 전후로 걷기 시작하는 영아들은 영아기가 끝날 무렵에 달리기 시작한다. 그러나 3세경이 되기 전까지는 방향을 바꾸는 것이 어렵다. 3세 유아는 두 발로 제자리 뛰기를 할 수 있으며, 세발자전거를 탈 수 있고, 큰 공을 차거나 튀는 공을 양팔을 뻗어 잡을 수도 있다.

4세 유아는 한 발로 깡충 뛰기를 할 수 있으며, 선을 따라 걷기를 할 수 있고, 30cm 정도의 작은 물건을 뛰어넘을 수도 있다. 또한 사다리, 나무, 정글짐 등을 오르내릴 수 있다. 4세가 되면 신체조절 능력의 발달로 공을 던질 때 팔을 머리 위로 올려 던질 수 있고 정확도 역시 이전에 비해 많이 향상된다.

5세가 되면 유아의 운동능력은 거의 완벽하게 발달되어 높이뛰기와 멀리뛰기를 할 수 있으며, 줄넘기도 가능하다. 몸의 균형도 성인과 비슷하게 잡을 수 있으며, 보통 남아가 여아보다 균형 잡기가 조금 빠르다. 유아는 달리면서 방향을 바꿀 수 있게 되며 달리다가 갑자기 멈출 수도 있다.

〈표 5-1〉 대근육 발달

연령	걷 기	달리기	뛰 기	페달 밟기	오르기	던지기
2~3세	율동적으로 잘 걷는다.	몸을 뻣뻣하게 세우고 달린다. 방향을 바꾸거나 갑자기 멈추는 것이 어렵다.	두 발로 깡총 뛴다.	장난감 자동차에 올라타고 두 발로 민다.	계단을 오를 때 한쪽 발을 먼저 올려놓고 그 다음 다른쪽 발을 그 옆에 놓는다. 높은 곳에 올라갈 수 있지만 내려오지는 못한다.	목표물을 향해 공을 던지는 데 두 팔을 사용한다. 발이나 몸은 움직이지 못한다.
3~4세	팔을 앞뒤로 흔들며 걷는다. 직선 위를 잘 걷는다.	유연하게 잘 달리고 출발과 정지를 잘 한다.	두 발로 높이 뛰어오른다. 한 발로 장애물을 뛰어넘는다.	세발자전거를 탈 수 있다.	계단을 오를 때는 한 발로 차례차례 오르지만 내려올 때는 두 발을 모아서 내려온다.	몸을 앞뒤로 흔들며 한쪽 팔로 공을 던진다.
4~5세	곡선 위를 걷는다. 평균대 위를 걷는다.	빨리 잘 달리고 달리면서 방향을 바꿀 수 있다.	깡충깡충 뛰면서 앞으로 나아간다.	세발자전거를 빠르고 유연하게 잘 탄다.	발을 번갈아 가면서 계단을 오르내린다. 사다리, 정글짐, 미끄럼틀, 나무 등을 타고 오르내린다.	팔꿈치를 사용해서 공을 던진다.
5~6세	성인처럼 걷는다.	속력을 내서 잘 달린다.	높이뛰기와 멀리뛰기를 할 수 있다. 줄넘기를 할 수 있다.	두발자전거를 탈 수도 있다.	성인처럼 오르고 내린다.	발을 앞으로 내밀고 팔을 쭉 뻗어 공을 던진다.

출처 : 정옥분(2002). 아동발달의 이해.

|그림 5-1| 유아의 대근육 활동

(2) 소근육 발달

유아기에는 대근육 발달과 더불어 작은 근육을 사용하는 소근육 운동발달이 이루어진다. 유아는 소근육 발달로 인해 그림 그리기, 찢고 오리고 붙이기, 끼우기 등과 같은 여러 가지 조작능력이 가능해진다. 소근육 운동은 눈과 손의 협응에 의해서 발달하며 3세경이 되면 손가락으로 물건을 집을 수 있으며 많은 양의 액체가 담긴 컵이나 용기를 엎지르지 않고 옮길 수 있다. 또한 주전자에 담긴 물을 다른 용기에 부을 수 있으며, 옷의 큰 단추와 지퍼를 채울 수 있다. 더불어 유아는 검지, 중지, 엄지 손가락을 사용하여 크레용을 잡을 수 있다.

4세가 되면 유아는 실로 작은 구슬들을 꿸 수 있고, 올바른 방식으로 크레용을 쥘 수도 있다. 유아는 목적을 가지고 그림을 그리지만 대부분 뜻대로 되지 않아 종종 완성품의 제목이 달라지기도 한다.

5세경이 되면 유아는 손의 움직임이 세밀해져서 가위로 대부분의 모양을 선 따라 자를 수 있다. 또한 유아는 연필을 정확하게 잡고 글씨를 쓸 수 있게 되며, 선 안으로 색을 칠할 수 있게 된다. 유아기에는 그리기, 오리기, 자르기, 붙이기, 찢기, 접기 등의 활동을 통해 소근육 운동을 발달시킬 수 있다.

우리나라 유아의 경우 젓가락질하기는 2세 반~3세경에 남아의 20%와 여아의 33%가 가능하다. 남아의 경우에는 3세 반~4세경이 되어야 약 33%가 할 수 있다. 즉, 여아가 남아보다 이른 시기에 젓가락질을 하는 것으로 나타났다. 또한 3세~3세 반 유아 중 가위질을 할 수 있는 유아는 80~90%이고, 단추 채우기를 할 수 있는 유아는 60~70% 정도로 나타났다(현온강 외, 2001).

소근육이 발달되면서 유아의 그리기 능력도 발달하는데, 그리는 능력은 소근육 발달과 인지적 표상능력과도 관계가 크다. 켈로그(Kellogg, 1969)에 의하면 다음과 같은 네 단계의 그림 그리기 발달 단계가 나타난다.

〈표 5-2〉 그림 그리기 발달 단계

단계 및 연령	내 용
제1단계(1세 반~2세)	**끄적거리기 단계 또는 낙서 단계** 뚜렷한 형태가 없는 점이나 선을 그린다. 끄적거림은 이후에 직선, 나선, 곡선, 원으로 발달한다.
제2단계(2~3세)	**단순한 형태 단계** 원, 삼각형, 사각형 등의 단순한 기하하적 형태를 그린다.
제3단계(3~4세)	**무늬를 그리는 단계** 직선이나 곡선, 단순한 형태를 합하여 무늬를 그린다.
제4단계(4~7세)	**실제 사물을 그리는 단계** 사람, 동물, 자동차, 나무, 집 등 실제 사물을 그리고, 사람의 세부적인 부분도 자세히 묘사한다.

1세 반~2세 2~3세 3~4세 4~7세

|그림 5-2| 켈로그의 그림 발달 단계에 따른 예

출처 : 조성연 외(2009). 아동발달의 이해.

1세 영아 그림

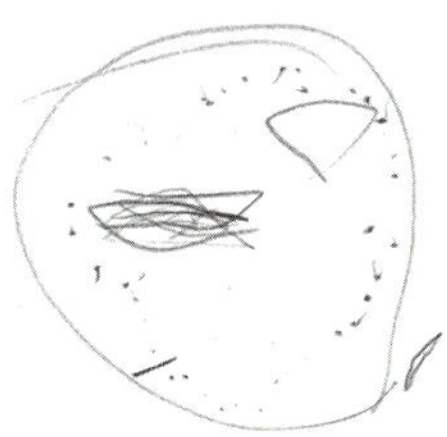

2세 영아 그림

3세 유아 그림

5세 유아 그림

|그림 5-3| 그림 그리기 발달 단계에 따른 영유아 그림

일반적으로 대근육 발달은 남아가 여아에 비해 우세한 데 비하여, 소근육 발달은 여아가 남아에 비해 우세하다. 유아의 신체 및 운동 발달은 인지발달과 더불어 영아들에 비해 상당히 독립적이다. 그러나 아직 성인의 다양한 도움이 요구되는 시기이므로 유아의 안전과 보호를 위해 성인의 세심한 주의가 필요하다. 유아기는 신체적 균형을 기초로 하여 다양한 운동기술을 발달시키는 시기이다. 또한 새로운 운동기술을 습득하고 미숙한 운동기능들을 반복하면서 능숙하게 신체운동 능력을 발달시켜 나아가는 시기라 할 수 있다. 따라서 유아기에는 신체발달을 잘 이루어 갈 수 있도록 유아의 발달에 적절한 다양한 경험과 다양한 신체활동들을 충분히 제공하여야 한다.

|그림 5-4| 유아의 소근육 활동

(3) 자조기술

자조기술은 대소변 가리기, 밥 먹기, 옷 입기 등 스스로 신변처리를 할 수 있는 기술을 말하며, 중추신경 및 근육운동의 협응이 성숙되어야 가능하다. 유아기에는 다양한 자조기술이 발달하는데, 2세경에는 대소변 가리기를 할 수 있으며, 대소변을 가리는 시기는 괄약근의 성숙, 부모의 배변훈련 태도, 유아의 성에 따라 차이가 있다. 일반적으로 여아가 남아에 비해 대소변을 가리는 시기가 더 빠르다. 섭식행동의 경우에도 2세경이면 혼자 음식을 먹을 수 있다. 3세경에는 숟가락과 젓가락을 효율적으로 사용할 수 있고, 6~7세경이 되면 흘리지 않고 왼손이나 오른손으로 제대로 식사를 할 수 있다. 옷 입고 벗기는 3세경에 혼자서 옷을 벗을 수 있고, 4세경에는 혼자서 옷을 입을 수 있으며, 5~6세가 되면 단추나 지퍼를 열고 잠글 수 있다. 또한 신발도 신고 벗어서 가지런히 놓을 수 있다(조성연 외, 2005).

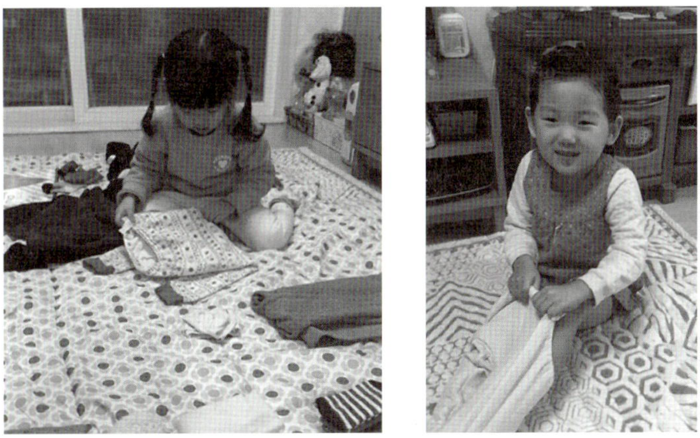

|그림 5-5| 유아의 자조기술

2. 인지발달

1) 피아제의 인지발달 단계 : 전조작기

유아기 사고의 특성은 피아제의 인지발달 단계로 설명할 수 있다. 인지발달 단계의 네 단계 중 유아기는 두 번째 단계에 해당한다. 이 단계에서 유아기의 사고 특성에 대해 피아제는 상징적 사고가 더 복잡해지고 표현능력이 증가하지만 아직 사고를 논리적으로 조작하는 것이 불가능하기 때문에 조작하기 전 단계라는 의미로 전조작기라 부른다.

피아제는 전조작기를 다시 두 개의 하위 단계인 전개념적 사고기와 직관적 사고기로 나누었다. 전개념적 사고기(preconceptual period)는 2세부터 4세까지이며, 직관적 사고기(intuitive period)는 4세부터 7세까지이다.

(1) 전개념적 사고기

전개념적 사고기의 유아는 주변 환경의 대상을 상징화하고 이를 내면화시키는 과정에서 개념을 성숙하게 발달시키지 못한다. 이러한 의미로 전개념적 사고기라고 부르며 전개념적 사고의 대표적인 특징은 상징적 사고(symbolic thought), 자기중심적 사고(egocentric thought), 물활론적 사고(animistic thought), 인공론적 사고(artificialistic thought), 전환적 추론(transductive reasoning) 등이 있다.

① 상징적 사고

피아제는 전조작기의 가장 중요한 인지적 성취를 상징적 사고가 나타나는 것으로 본다. 감각운동기 말기에 영아는 더 이상 자신의 감각에 의존하지 않는 대신 정신적 표상, 지연모방, 상징놀이 등이 가능해지며 언어를 습득하게 되고 상상력이 풍부해지는 전조작기로 발달해 간다.

상징은 어떤 다른 것을 나타내는 징표를 말한다(정옥분, 2005). 예를 들어, 국기는 국가를 상징하고, 하트 그림은 사랑과 심장을 상징한다. 언어도 역시 상징이라고 볼 수 있다. 예를 들면, '사과'라는 단어는 빨갛고, 맛있으며, 둥근 모양의 과일을 상징한다. 상징의 사용으로 유아는 단어나 대상을 어떤 다른 것으로 표현하는 사고능력을 향상시키고, 문제해결의 속도를 증가시키며, 시행착오를 감소시킨다.

가상놀이는 가상적인 사물이나 상황을 실제 사물이나 상황으로 상징화하는 놀이로, 유아가 가장 좋아하는 놀이이다. 소꿉놀이, 역할놀이 등으로 불리며 연령이 증가하면서 점점 더 복잡하고 다양한 형태로 나타난다(Rubin, Fein, & Vandenberg, 1983).

② 자기중심적 사고

자기중심적 사고는 다른 사람의 관점을 고려하지 못하고 자기 입장에서만 사물, 상황을 이해하는 관점이다.

피아제는 유아기의 대표적인 특성인 자기중심적 사고에 관한 매우 유명한 '세 개의 산 실험'을 하였다. 색깔, 크기, 모양이 다른 세 개의 산 모형을 만들어 놓고 한 산의 꼭대기에는 작은 집이 있고, 또 다른 산의 꼭대기에는 십자가가 꽂혀 있으며, 나머지 한 산의 꼭대기에는 흰 눈으로 덮여 있도록 한다. 유아에게 탁자 주위를 한 바퀴 돌아보게 한 후 한 의자에는 인형을 앉히고, 맞은편 의자에는 유아를 앉게 한다. 유아가 본 것을 나타내는 사진과 인형이 본 것을 나타내는 사진을 선택하게 했을 때 6~7세 이전의 유아는 자신이 본 것을 나타내는 사진은 잘 고르지만, 인형이 본 것을 나타내는 사진을 고르라고 했을 때도 자신이 본 것과 똑같은 사진을 선택한다.

유아기의 자기중심적 언어에 관한 실험(Krauss & Glucksberg, 1969)에서는 두 명의 유아가 탁자를 마주하고 앉도록 하고 탁자 중간에 불투명한 스크린을 설치해서 서로 볼 수 없게 한다. 여러 가지 장난감과 블록을 두 명의 유아 앞에 똑같이 놓고 그중 한 명에게 자기 앞에 놓인 물건 중 한 가지를 잘 설명해서 다른 유아가 그것과 똑같이 생긴 물건을 자기 앞에서 집도록 하였다. 4~5세 유아는 이 실험에서 설명을 잘 하지 못하였다. 예를 들면, 초록색 장난감을 집고서 "이걸 집어"라고 말했는데, 이는 맞은편 유아가 보지 못한다는 사실을 고려하지 못했기 때문에 맞은편 유아의 입장에서 이해할 수 있도록 충분한 설명을 하지 못하는 것으로 나타났다.

③ 물활론적 사고

물활론적 사고는 유아는 이 세상의 모든 대상이 살아 있다고 생각하는 것이다. 유아는 생명이 없는 대상에게 생명과 감정을 부여한다. 하늘 위의 해와 달, 구름도, 땅 위의 돌멩이도 모두 살아 있다고 생각한다. 그래서 달려가다가 돌멩이에 걸려 넘어졌을 때 엄마가 와서 돌멩이에게 '때찌'라고 말하면 기분이 다소 풀리는 것이다.

물활론적 사고는 유아기 초기의 가장 현저한 특성인데, 4~5세가 되면 감소하기 시작한다(Bullock, 1985). 물활론적 사고는 다음과 같은 단계로 진행된다.

1단계 : 사람에게 영향을 주는 모든 사물은 살아 있다고 생각한다.

2단계 : 움직이는 것은 살아 있고, 움직이지 않는 것은 죽었다고 생각한다.

3단계 : 움직이는 것 가운데서도 스스로 움직이는 것은 살아 있다고 생각한다.

4단계 : 생물학적 생명관에 근거해서 생물과 무생물의 개념을 파악하게 된다.

④ 인공론적 사고

인공론적 사고는 이 세상의 모든 것은 사람의 필요에 의해서 만들어진 것이라고 믿는 것이다. 모든 사물이나 자연현상들은, 사람들이 집이나 빌딩을 짓듯이 해와 달도 우리를 비추게 하기 위해 사람들이 만들었다고 믿는 사고이다. 유아는 자기중심적 사고의 특성으로, 이러한 사물이나 자연현상이 특히 자신을 위해 존재한다고 생각한다.

⑤ 전환적 추론

전환적 추론은 한 특정 사건으로부터 다른 특정 사건을 추론하는 것이다. 유아기에는 전개념적 사고의 한계 때문에 귀납적 추론이나 연역적 추론을 하지 못하고 대신 전환적 추론을 하게 된다. 귀납적 추론은 원인과 결과를 추론할 때 많은 사실을 관찰하여 보편적인 결론을 도출해 내는 것이고, 연역적 추론은 그와 반대로 일반적인 원리나 법칙을 바탕으로 특수한 원리를 이끌어 내는 추론으로 성인들의 사고에 해당한다.

유아기의 전환적 추론의 예로, 피아제의 딸 루시엔느(Lucienne)가 어느 날에는 매일 자던 낮잠을 자지 않았다. 루시엔느는 "내가 아직 낮잠을 자지 않았으니까 아직 낮이 아니에요"라고 말했다. '낮잠'이라는 특정 사건을 '낮'이라는 특정 사건을 결정짓는 원인으로 추론하는 것이다. 또한 어떤 두 가지 현상이 시간적으로 근접해서 발생하면 두 현상 간에 아무런 관계가 없는데도 유아는 인과관계가 있는 것으로 생각한다.

(2) 직관적 사고기

직관적 사고란 어떤 사물의 두드러진 속성에 치우쳐 판단하는 것을 말한다. 판단이 직관에 의존하기 때문에 논리적으로 사물의 관계를 파악하기 힘들다. 직관적 사고기의 대표적인 특성은 보존개념(concept of conservation), 유목포함(class inclusion), 서열화(seriation) 등을 통해 알아볼 수 있다.

① 보존개념

보존개념은 대상의 외양이 바뀌어도 그 속성이 바뀌지 않는다는 것을 이해하는 능력이다. 피아제의 보존개념 실험에서 동일한 두 컵에 같은 양의 물이 있을 때 한 컵의 물을 길쭉한 컵에 옮겨 부었을 때 전조작기 유아는 물의 양이 달라졌다고 말한다.

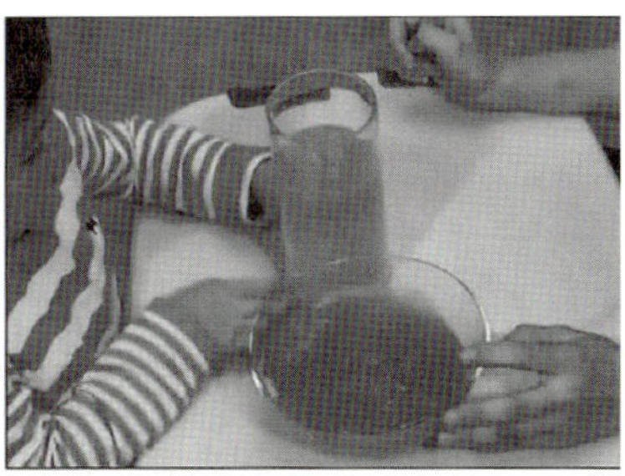

|그림 5-6| 4세와 7세의 액체보존실험
출처 : EBS(2008). EBS 다큐프라임 아이의 사생활 2부. 도덕성.

② 유목포함

유목포함이란 사물들 간의 위계적 관계를 말하는 것으로 어떤 한 가지 유목에 속하는 물체는 다시 상위 유목에 포함될 수 있다는 것을 의미한다. 예를 들어, '개'가 기본 개념이라면 상위 개념은 동물, 하위 개념은 진돗개, 말티즈 등이 될 수 있다. 이러한 범주들의 위계적인 관계에 대한 이해는 개념 획득에 중요한 역할을 한다.

피아제는 유목포함에 관한 실험에서 유아에게 열 송이의 빨간색 장미와 다섯 송이의 노란색 장미를 보여주고 "빨간색 장미가 더 많니? 장미가 더 많니?"라고 질문하였다. 이때 유아는 빨간색 장미가 더 많다고 대답하는데, 그 이유는 유아는 빨간색 장미와 노란색 장미가 모두 장미라는 상위 유목에 포함된다는 사실을 이해하지 못하고, 장미꽃의 색깔이라는 지각된 특성에만 주의를 집중하는 직관적 사고를 하고 있으며 전체(장미)와 부분(빨간색 장미와 노란색 장미)이라는 논리적 관계를 이해하지 못하기 때문이다.

유목포함은 전조작기 유아에게는 어려운 과제이다. 자연적인 상황에서 유목포함을 습득하기는 어려우며 또 말로 설명하거나 시각 자료로 반복해 가르쳐도 이해하기 힘들다.

③ 서열화

서열화는 순서 짓기라고도 하며 세 개 이상의 물체를 어떤 속성에 따라 순서대로 배열하는 것이다. 서열화에는 시작과 방향이 있고, 일관된 규칙이 적용되어야 한다.

유아에게 길이가 다른 여러 개의 막대기를 주고 길이가 짧은 것부터 순서대로 나열해 보라고 하면, 3~4세 유아는 처음 두세 개는 순서대로 배열하지만 그 이후에는 지속적으로 순서 짓지 못하였다. 5~6세 유아는 시행착오를 거쳐 막대를 순서대로 놓는데, 1~2개를 빠뜨리고 배열한 경우 다시 놓으라고 요구하면 처음부터 다시 배열을 시작하는 경향이 있다. 6~7세 유아는 길이가 다른 막대를 순서

짓기 할 때 막대의 양쪽 끝을 다 고려한다. 또한 막대를 움직이기 전에 모든 막대를 고려하며 먼저 계획을 세운 후 체계적으로 배열할 수 있다.

2) 비고츠키의 인지발달 관점 : 사회문화적 맥락의 중요성

(1) 인지발달에서 사회문화적 맥락의 중요성

비고츠키는 유아가 사회문화적 맥락에서의 경험을 통하여 자신에게 적합한 지식을 구성한다고 보았다. 즉, 인지발달에 있어 사회적 경험이 중요하다고 보며 유아는 그가 속해 있는 사회문화적 배경에서 중점을 두는 활동에 참여하면서 사고가 발달한다는 것이다. 따라서 비고츠키 이론은 인지발달에 있어 교육의 중요성을 강조한다. 예를 들면, 아마존의 조그마한 부족국가에 사는 사람들의 경우 아직도 사냥을 하며 생계를 이어가기 때문에 남자 아이의 경우 달리기 등 신체적 발달이 중요한 능력으로 인식되며 우대받는다. 반면 우리나라에 사는 영유아는 인지발달을 최우선으로 하는 사회적 분위기와 인식으로 인지적인 측면이 강조되는 사회문화적 환경 속에서 살아가게 된다. 즉, 아마존의 영유아와 대한민국에 사는 영유아는 아주 어려서부터 사회문화적 환경에서 어떤 측면의 발달에 초점을 두느냐에 따라 인지발달에도 차이가 있을 것이라 가정할 수 있다.

(2) 근접발달영역

비고츠키는 영유아의 지적 능력을 근접발달영역의 개념으로 설명한다. 근접발달영역(Zone of Proximal Development)은 영유아가 스스로의 힘으로 문제를 해결할 수 있는 수준인 실제적 발달 수준과 도움을 받아 문제를 해결할 수 있는 수준인 잠재적 발달 수준 간의 영역을 의미한다. 예를 들면, 4세 유아가 혼자의 힘으로 블록 집을 완성한 뒤 활동을 마치려 할 때 옆에서 쌓기놀이를 하고 있던 친구가 "어, 이 긴 블록으로 다리를 만들면 되겠다"라는 제안을 한다. 이 친구의 조언으로 아이디어가 떠올라 긴 블록 여러 개를 더 찾아내어, 만들어 두었던 집과 긴 블록을 다리처럼 사용하여 집들과 연결하여 큰 성을 완성하고, 성벽까지 쌓아 멋진 성곽을 완성하게 된 사례를 예로 들 수 있다. 여기서 친구의 제안은 비계(scaffolding)이며 이렇듯 교사나 또래가 옆에서 조언을 해주거나 힌트를 줌으로써 영유아는 문제해결을 좀 더 효율적으로 수행할 수 있게 된다.

(3) 언어와 사고의 관계

비고츠키는 언어는 사고를 지시하는 근원이라고 보고 언어의 중요성을 강조하였다. 언어가 문제해결에 중요한 역할을 한다는 예는 114 번호로 전화를 걸었을 때이다. 안내된 해당 번호를 기억하기 위해 사람들은 종이와 연필을 찾게 된다. 또는 입으로도 계속 안내된 전화번호를 되뇌이면서 연필을 찾으러 다니는 행동을 흔히 볼 수 있다. 이는 사고만으로는 기억이 힘들기 때문에 언어의 도움을 받기 위한 행동이라 볼 수 있다. 이처럼 언어는 사고를 돕는 매우 중요한 도구이며 문제해결의 길잡이 역할을 하게 된다. 비고츠키는 이렇듯 사회적 의사소통 시에 사용되는 언어의 기능이 중요하다고 보고 일상생활 속의 의사소통, 즉 비계설정을 통해 인지가 발달한다고 보았다.

3) 기억발달

유아기에는 영아기에 비해 기억능력이 크게 발달한다. 기억능력 발달의 요인에는 네 가지를 들 수 있는데 첫째, 기억용량의 증가, 둘째, 기억전략의 발달, 셋째, 상위기억의 발달, 넷째, 지식기반의 확대이다.

(1) 기억용량의 증가

유아기에는 영아기보다 정보를 저장할 수 있는 공간이 증가한다. 기억공간에는 감각기억, 단기기억, 장기기억이 있는데, 감각기억과 장기기억의 용량은 연령에 따른 변화가 거의 없으므로, 기억용량의 증가는 단기기억 용량의 증가를 의미한다(Bjorklund, 1995).

단기기억의 용량을 알아보는 기억폭 검사에 의하면, 불러주는 숫자를 순서대로 정확하게 회상할 수 있는 항목 수로 기억폭을 측정하였다. 2세 유아의 기억폭은 2개 정도이고, 5세 유아는 4.5개, 그리고 성인의 기억폭은 7~8개 정도로 나타났다(Dempster, 1981).

(2) 기억전략의 발달

기억전략은 장기기억 속에 저장하고 있는 정보를 필요할 때 쉽게 꺼내 쓸 수 있도록 해주는 의도적인 활동을 말한다. 유아기의 기억전략은 그렇게 효율적이지 못하나 4세 유아도 기억하려는 것을 반복연습해서 암기하는 시연이나 관련 있는 것끼리 집단화시키고 유목화하는 조직화 전략을 사용한다.

유아기에 사용하는 기억전략 중 매우 간단하면서도 효과적인 기억전략은 시연이다. 시연은 기억해야 할 정보를 여러 번 반복해서 암송하는 전략이다. 예로, 천자문 외우기가 있다. 조직화는 기억하려는 정보를 서로 관련 있는 것끼리 묶어 범주나 집단으로 분류함으로써 기억의 효율성을 높이려는 전략이다. 조직화에 의해 정보를 체계화하면 한 번에 기억할 수 있는 정보량보다 훨씬 많은 정보를 기억할 수 있게 된다.

목록 1 : 배, 성냥, 망치, 외투, 풀, 코, 연필, 개, 컵, 꽃
목록 2 : 칼, 셔츠, 자동차, 포크, 배, 바지, 양말, 트럭, 숟가락, 접시

조직화 전략의 관점에서 볼 때 목록 1보다 목록 2의 단어들을 외우기가 훨씬 쉽다. 왜냐하면 목록 2에 있는 항목들은 관련 있는 것끼리 묶어서 기억할 수 있기 때문이다. '옷', '교통기관', '식기'의 범주로 분류해서 기억하면 훨씬 외우기가 쉬

운 것을 알 수 있다.

이처럼 기억전략은 학습자가 장기기억 속에 저장되어 있는 기존에 알고 있는 범주에 관한 지식을 활용하기 때문에 기억의 인출을 효율적으로 도울 수 있다.

(3) 상위기억의 발달

상위기억은 기억과 기억과정에 대한 지식으로 어떤 기억전략을 이용하는 것이 정보를 기억하는 데 더 효과적인지를 아는 것이다. 상위기억은 상위인지(metacognition)의 일부이다. 상위인지는 자신의 사고에 관해 생각하는 것, 한 차원 위에서 사고하는 지식이라고 할 수 있으며 초인지라고도 한다. 학습상황으로 예를 들면, 학습자가 자신의 학습을 위해 다양한 기억전략 등을 사용하는 것이라 할 수 있다.

읽기 학습지도에서의 상위인지의 중요성

◎ 이해점검 전략(Comprehension monitoring) 필요

- 활용방법 – 책 읽기 지도 시 해독이 아닌 의미 이해를 위해서는 내용에 대해 이야기해 보도록 함

  예 "누가 나왔어?"
  "무슨 일이 일어났니?"

(4) 지식기반의 확대

학습할 내용에 관해 많은 지식을 가지고 있는 사람일수록 기존의 지식이나 정보와 빠르게 연결될 수 있기 때문에 그 내용을 기억하는 것이 훨씬 수월하다. 즉, 새로운 정보를 조직하기 위한 도식을 우리가 이미 가지고 있기 때문에 친숙한 주제인 경우 이미 가지고 있는 지식에 새로운 정보를 연결하는 것이 훨씬 쉬워 정보처리가 빨라지는 것이다.

어떤 주제에 대해 많이 알면 알수록 그 주제에 대한 학습과 기억이 그만큼 용이해지므로 지식의 확장은 점점 더 빨라진다. 일반적으로 아동이 유아보다 대부분의 주제에 대해 더 많은 지식을 가지고 있기 때문에, 아동은 확장된 지식기반을 통해 학습능력, 기억능력에 있어서 정보를 더 빨리 처리할 수 있으며, 다양한 전략들을 사용할 수 있게 된다.

3. 언어발달

1) 단어와 문장의 발달

(1) 단어 수의 증가

3세가 되면서 유아는 어휘력이 점점 더 빠른 속도로 증가하며 약 2,000~ 4,000개의 낱말을 구사할 수 있다. 4~5세경이 되면 유아는 약 4,000~5,000개의 어휘를 구사할 수 있으며 추상적인 단어의 사용에 대한 관심이 증가한다. 5~6세경 유아는 약 5,000개~8,000개의 단어를 구사할 수 있으며 말놀이를 즐기게 된다(김영실 외, 2013). 이와 같이 단어 수가 급증하는 것은 유아의 인지적 성숙으로 인해 사물을 범주화할 수 있는 능력이 발달하기 때문인 것으로 보인다(Goldfield & Reznick, 1990). 유아기 말까지 보통 하루에 평균 6개 정도의 새로운 단어를 습득하는 셈이나 이러한 단어 습득 속도나 학습능력에는 개인차가 매우 크다(정옥분, 2013).

(2) 문장의 발달

유아가 3세경이 되면 세 단어 이상을 이용하여 문장을 만들 수 있게 되면서 문법적 형태소를 사용하기 시작한다(조명한, 1982; 조성윤, 1992). 유아가 문법적 형태소를 사용하게 되면서 전보문장식 표현이 감소하고 말의 길이가 점차 길어진다.

유아가 사용하는 어휘 수에 따라 언어발달의 단계를 분류해 보았을 때(Brown, 1973), 유아가 사용하는 50에서 100개 정도의 문장을 이용하여 한 문장 내 평균 형태소의 수를 산출하는 것을 MLU(Mean Length of Utterance)라고 한다. MLU는 언어발달의 지표가 되며 5단계로 구분할 수 있다. 1단계는 영아기에 해당하며 2개 이하의 형태소를 사용하고 주로 명사와 동사로만 구성되어 있는 전보문장식 언어를 사용한다. 2단계부터는 MLU가 0.5씩 증가하며 일반적으로 유아기에 해당되는데, 문장이 점점 복잡해지고 전치사, 관사 및 명사의 복수 형태 등도 나타난다. MLU는 유아의 연령보다 언어발달의 정도를 보다 잘 나타내는 지표가 된다(Santrock, 2001).

〈표 5-3〉 언어발달의 5단계

단 계	MLU
1	1.5 ~ 2.0
2	2.5
3	3.0
4	3.5
5	4.0

(3) 문법의 발달

3세 이후부터 유아들은 많은 문법적 규칙에 관해 알게 되며 단순 문장에서 보다 복잡한 문법을 사용하기 시작한다. 3세경에는 부정문이나 복수형에 대한 개념을 갖게 되며, 특히 '싫어', '아니'와 같은 부정적 의미의 문장을 많이 사용한다. 4세경에는 부사, 형용사를 사용하면서 문장은 일반적으로 5~6개의 단어로 구성할 수도 있으며 관계절 · 부가의문문과 같은 더 발전된 문장 구조를 사용하기 시작한다. 5세경이 되면서 전보다 더 완전한 문장을 사용할 수 있게 되며 성인에 가깝게 대부분의 문법에 숙달하게 된다.

2) 의사소통 능력의 발달

의사소통 능력이란 사회적 상황에 맞게 말을 바꾸거나 화법에 맞는 말을 할 수 있는 능력으로, 사회적 상호작용 과정에서 언어를 사용하는 능력을 말한다. 연령별로 의사소통 능력 발달의 일반적 특징을 제시하면 다음과 같다.

(1) 3세 유아의 의사소통 능력

3세가 되면서 유아는 어휘력이 점점 발달한다. 최소한 3개나 4개의 낱말로 단순한 문장을 만들어 자신의 요구를 표현하지만 대화에서 차례 지키기(turn taking)가 어렵다. 또한 대화의 주제를 금방 바꾸며 종종 이야기의 초점을 잊고 자기가 좋아하는 부분에 초점을 두고는 한다. 낱말 발음이 아직 능숙하지 않고 종종 한 낱말을 다른 낱말로 혼동하기도 한다. 단순한 손유희와 운율이 있는 노래를 좋아하며 반복되는 구절이 많은 노래를 통해 낱말을 배운다. 3세 반경이 되면 유아들은 보다 복잡한 문법을 사용하기 시작하게 되면서 누가, 무엇을, 어디에서, 왜로 시작하는 질문을 많이 하며 문장을 합하여 두 개의 문장을 연결하는 언어도 사용한다. '그러나, 왜냐하면, ~할 때'와 같은 단어를 지나치게 많이 사용하는 반면, '~전에, ~까지, ~후에'와 같은 시간과 관계되는 낱말은 거의 적절히 사용하지 못한다.

(2) 4세 유아의 의사소통 능력

4세경 유아는 동시와 손유희를 좋아하고 많이 안다. 명령조의 말로 여러 가지 요구를 시작하며 다른 사람을 놀리기 시작한다. 자기의 가족, 자신의 경험에 대해 다른 사람에게 이야기하기를 좋아한다. 목소리의 크기를 조절할 줄도 알게 되고 사회적 상황에서의 단서를 찾기 위해 맥락을 읽기 시작한다. 자신의 경험과 관련이 있을 경우 새로운 어휘를 쉽게 배우며 여러 가지 구조의 문장들을 만들어 보는 시도를 한다.

(3) 5세 유아의 의사소통 능력

5세경 유아는 말놀이를 즐기게 되면서 전보다 더 완전한 문장을 사용할 수 있게 되고, 대화에서 차례를 지키려고 하며, 다른 사람의 말을 가로채는 경우가 줄어든다. 말을 통하여 경험을 공유할 수 있으나 아직은 말에 자기중심성이 역력히 보인다. 예로, 청자가 자신이 의미하는 바를 이해할 것이라고 가정하며 이야기한다. 언어가 점점 유창해져서 자신의 생각을 잘 표현할 수 있게 된다(김영실 외, 2014).

4. 사회·정서 발달

1) 유아기 사회 · 정서 발달의 특징

유아는 성장과 더불어 사회의 도덕성과 규범에 순응해 가며 성숙해져 간다. 그러나 유아가 사회가 요구하는 역할을 충실히 수행하는 데에는 많은 어려움을 극복해야 한다. 특히 유아기의 인간관계는 이후의 사회생활을 하는 데 중요한 역할을 담당하며, 유아의 사회성이 높을수록 대인관계가 원만하고 사회활동에 잘 적응할 수 있다. 유아의 사회성 발달에 우선하는 것은 성숙이며, 성숙은 사회화와 아주 밀접하게 관련되어 있다. 사회적 성숙이란 유전적 영향보다는 환경의 영향을 더 많이 받는 것으로, 적극적인 사회생활의 적응을 위한 사회적 태도, 지식 등을 습득하는 하나의 사회적 과정이다.

영아기를 지나면서 유아는 점차 또래지향적이 된다. 2~3세의 유아와 4~5세의 유아를 비교해 보면 더 어린 유아들은 성인 가까이에 머물면서 신체적 접촉을 추구하는 반면, 더 나이 든 유아들은 성인보다 또래를 지향한 행동을 좀 더 많이 하는 경향이 있다. 유아기에는 다른 사람에 대한 이해가 발달하기 시작하지만 아직 성숙한 우정을 형성하지는 못한다. 유아들은 아직 다른 사람의 관점을 이해하지 못하기 때문에 또래로부터 자신이 원하는 것만을 생각한다. 이 시기의 유아는 에너지와 활동 정도가 비슷하고 같은 활동에 참여하는 동성의 또래와 친한 경향이 있다.

유아는 사회의 구성원으로 성장, 발달하는 동안 자율성과 독립심을 키워 나가고 인간관계를 배우게 된다. 또한 유아는 자신에 대한 긍정적 관점이나 가치, 성공감 등의 경험과 다른 사람을 인정하고 수용하는 태도를 길러 사회의 구성원으로 성장하게 된다. 이러한 유아의 사회성 발달의 특징은 다음과 같다(신옥순, 1994).

① **독립심과 자신감** : 유아는 주도성이 강해지면서 점차 독립심과 자신감을 얻게 된다. 유아는 신체적, 정신적으로 부모에게 절대적으로 의존하다가 점차 부모로부터 독립하여 스스로 결정하고 행동하기 시작하면서 자신감을 가지기 시작한다.

② **또래집단 형성** : 유아는 관심의 대상이 가족에서 또래로 바뀜으로써 경험의 폭을 넓혀 나가면서 강한 또래집단을 형성한다. 이러한 경험은 유아들이 자기중심적 사고에서 벗어나 폭넓은 경험을 통한 인지적 성장을 촉진한다.

③ **자아개념 확립** : 유아는 사회 속에서 나를 인식함으로써 자아개념 확립의 기초를 형성한다. 또래들과의 생활을 통해 자신의 객관적인 모습을 볼 수 있으며, 미처 깨닫지 못했던 자신의 좋은 점을 발견하기도 한다.

④ **성역할 인식** : 유아는 자신의 성을 의식하기 시작하며 여자 아이는 여자다운 것을, 남자 아이는 남자다운 것을 선택하고 행동한다. 이러한 경향은 연령이 증가하면서 점차 더 뚜렷해지고 전 생애를 통해서 지속된다.

유아의 정서는 미숙하여 지속 시간이 짧고 정서표현의 변화도 매우 급격하다. 이는 유아의 정서가 불안정하기 때문이며, 유아들은 울다가도 금방 기분이 좋아

져서 잘 놀기도 한다. 유아는 쾌와 불쾌의 양극단의 정서를 심하게 오가면서 정서를 표현하며, 정서의 통제가 미숙하여 화나는 일이 있으면 참지 못하고 그대로 표현한다. 이러한 유아의 정서 유형은 다음과 같다.

① 기쁨

2세경까지는 기쁨을 웃음이나 동작으로 표현하며, 3세경부터는 언어의 발달에 따라서 언어로 표현한다. 사회적인 인간관계에 의해 기쁨을 느끼며, 인지능력이 발달하여 몸짓, 농담 등을 이해할 수 있어 이에 대해 웃음을 보이게 된다.

② 분노

1세경이 지나면서 유아는 떼를 쓰게 되는데 연령이 증가하면서 격렬한 분노는 억제될 수 있으며, 4세경이 되면 공격적인 행동으로 분노를 나타내게 된다. 5세 말경이 되면 언어의 발달에 따라 공격적인 행동보다는 욕설을 하는 등 공격적인 언어로 분노를 표시한다.

③ 공포

유아는 어둠, 큰 소리, 새로운 상황 등에서 공포를 느끼며, 과거의 경험과 연관된 것이 많아 어떤 대상에게 놀라거나 다친 경험이 있는 유아는 그 대상에게 계속해서 공포반응을 보이게 된다. 3세 말경에는 개, 고양이 같은 특정 대상을 두려워하며, 4세경에는 이유 없는 공포심으로 악몽을 꾸기도 한다. 6세경에는 상상력의 발달로 인해 존재하지 않는 대상인 귀신, 도깨비에 대한 공포심을 갖게 된다.

④ 질투

질투는 1세 반경에 나타나기 시작하며, 동생이 생기면 이로 인해 퇴행행동을 보이기도 한다. 퇴행행동은 동생처럼 사랑받기 위해 이전 연령 때 했던 젖병 빨기, 손가락 빨기, 오줌 싸기, 아기 소리 내기 등의 행동을 보이는 것이다. 3~4세경에는 질투가 심해져서 울음으로 표현하기도 하며, 5~6세경에는 유아교육기관에서 선생님이 다른 아이들에게 관심을 보이면 질투를 하기도 하며, 점차 연령의 증가로 사회성이 발달하면서 질투의 표현도 억제하게 된다.

⑤ 애정

자기를 사랑해 주는 사람에게 사랑을 표현하며, 3세경에는 또래 간에 애정을 갖기 시작한다. 4~5세경에는 자기보다 나이가 어린 아이들에게 애정을 가지고 돌보아 주는 것을 즐긴다.

2) 사회성 발달 제 요인

(1) 자아의 발달

자아는 자신의 내재적 특성에 대한 이해로 유아는 타인과의 상호작용에서 타인이 나를 어떻게 인식하고 평가하는가를 반복하여 지각하는 과정을 거치면서 점차 자기 자신에 대한 개념적 표상을 통합적으로 형성해 나간다(Shaffer, 1993).

유아는 자신과 타인을 성별, 나이 등의 범주에 따라 구분함으로써 자신을 이해하고, 신체 특징과 같은 외현적 특성을 중심으로 자신을 설명하는 등 자아인식이 발달한다.

(2) 타인과의 관계

영아기를 지나면서 유아는 점차 또래지향적이 되며, 다른 사람에 대한 이해가 발달하기 시작한다. 그러나 유아는 아직 다른 사람의 관점을 이해하지 못했기 때문에 성숙한 우정을 형성하지는 못한다.

(3) 성역할

성역할은 남녀 성에 적합하도록 기대되는 행동양식, 태도, 인성 특성을 의미한다. 유아는 부모를 비롯한 주변 사람들에 의해 성역할에 맞는 행동을 익혀 사회화되어 간다. 유아의 성에 대한 이해는 연령이 증가함에 따라 향상되어 2.5~3세경의 대부분의 유아들은 사진 속에서 자신의 성과 같은 성을 찾아낼 수 있고 남자와 여자를 정확하게 분류할 수 있다(Thompson, 1975). 4세경의 유아는 남아는 남자가 되고, 여아는 여자가 된다는 것을 인식하며, 6~7세경에는 개인의 성이 상황의 변화나 개인적 소망과 상관없이 변하지 않는다는 것을 인식한다.

(4) 친사회적 행동과 공격성

친사회적 행동은 긍정적인 사회적 행동으로 돕기, 나누기 등 사람들 사이의 우호적인 관계를 촉진시키거나 유지시키는 행동이다(이숙재 외, 1999). 이러한 친사회적 행동은 유아기에도 가능하며, 친사회적 행동을 수행하기 위해 유아는 다른 사람의 감정이나 정서 상태를 추론하고 공감하는 조망수용 능력과 감정이입, 문제해결 기술을 가지고 있어야 한다.

친사회적 행동의 증가는 유아의 인지적 발달과 더불어 다양한 사회적 관계 형성의 결과이다. 즉, 자기중심적 사고를 하는 유아가 연령이 증가함과 함께 탈중심화되고, 가정 밖의 유아교육기관으로 활동범위가 넓어지면서 타인의 입장과 감정을 이해해야 하는 상황을 많이 경험하게 된다. 이러한 다양한 사회적 경험을 통해 유아는 타인이 어떠한 경우에 도움이 필요한가를 알 수 있게 되며 도움을 주는 친사회적 행동을 수행하게 된다.

공격성은 가정이나 유아교육기관에서 쉽게 관찰되는 행동으로 타인 또는 타인의 물건을 손상시키는 행동이라 할 수 있다. 2.5~3세경에는 분명한 공격적 행동이 나타나며 주로 신체적인 공격을 보인다. 이때의 신체적 공격은 도구적 공격성으로 유아는 원하는 물건을 얻기 위해 위협적인 몸짓을 한다. 이러한 공격적 행동은 유아기 동안 점차 증가하며 또래와의 접촉이 증가하는 4세경에 가장 많이 나타난다. 그러나 6~7세 이후에는 공격적인 행동이 줄어들고 점차 신체적 공격보다는 언어적 공격이 증가한다(김경중 외, 1989).

3) 사회성 발달에 영향을 미치는 요인

유아는 성장하면서 자신이 속해 있는 사회 집단의 구성원들이 기대하는 바에 따라 가치관, 태도, 규범, 행동 양식 등을 형성시키며 사회성을 발달시켜 나간다. 즉, 사회성 발달은 사회화 과정을 통해 이루어지며, 인간은 태어나서 생을 마칠 때까지 사회화를 경험한다고 할 수 있다(이숙재 외, 2003). 영아의 사회화는 부모와의 관계에서 이루어지며, 부모의 양육 행동이 영향을 미친다. 점차 나이가 들어 생활 범위가 가정 밖으로까지 확대되는 유아의 사회화는 유아교육기관의 또래와의 관계 안에서 이루어지게 된다. 또한 가정 내의 부모와의 일차적인 사회화 과정과 더불어 형제와의 관계도 유아의 사회화에 많은 영향을 준다. 유아의 사회화에 영향을 미치는 요인은 부모, 형제, 또래, 교사, 매스미디어 등이 있다.

(1) 부모와의 관계

부모는 영유아의 사회성 발달에 가장 중요한 역할을 한다. 대부분의 부모는 자신의 자녀가 사회에서 원하는 사람이 될 수 있도록 앞으로 살아나갈 규범을 가르치게 된다. 사회에서 기대되는 규범을 부모가 자녀에게 가르칠 때 언어적인 지시로 행동을 가르침과 함께 칭찬 또는 벌 등을 통해 영유아의 바람직한 행동을 도모한다.

부모는 유아의 사회화 모델링 역할을 하게 된다. 유아와 원만한 유대관계를 형성한 부모는 유아의 강력한 모델로서의 역할을 수행하게 된다. 유아는 부모의 특정 행동만이 아닌 성격, 동기, 태도 및 가치기준을 받아들이게 된다. 부모가 건전한 사고를 하고 사회적으로 원만한 관계를 맺고 있다면 그들의 자녀 역시 부모와 같은 생각과 행동을 할 확률이 훨씬 높다.

(2) 형제와의 관계

형제관계는 유아의 사회성에 중요한 영향을 미친다. 유아는 자라면서 형제와 많은 시간을 보내며 서로 상호작용을 한다. 이러한 형제의 영향은 특히 2세에서 10세 사이에 매우 크다(유효순, 1997). 유아는 형제관계에서 다양한 사회적 행동을 보인다. 예를 들어, 동생이 다른 사람의 공격을 받게 되면 형은 동생에게 도움을 주지만 때로는 질투심으로 공격적인 행동을 가하기도 한다. 또한 형제간의 관계에서, 형은 주로 힘이나 명령으로 상호작용을 이끌며 동생을 간섭하기도 한다. 반면 동생은 형의 권력에 두려움을 갖고 형의 요구에 따르면서도 형을 좋아하고 모방하고자 한다. 예를 들어, 동생은 형의 학습 습관이나 어떤 새로운 능력을 모방할 뿐만 아니라 일상생활 태도나 놀이 행동도 따라 하게 된다(이숙재 외, 2003).

|그림 5-7| 놀이활동

(3) 또래와의 관계

또래는 상호 간의 강화와 모방을 통해 유아의 사회성 발달에 중요한 역할을 한다. 유아는 성장함에 따라 사회적 환경이 가정에서 유아교육기관과 같은 다른 사회 집단으로 확대된다. 확대된 사회적 환경에 의해 형성된 또래관계는 자기를 타인에게 적용시키며 여러 또래들과 사회적 집단을 형성하면서 놀이라는 구체적이고 직접적인 행동과 경험을 하게 된다. 또래관계 속에서 유아는 어떻게 협동적으로 놀이를 할 것인지, 가족 이외의 사람들과 어떻게 사회적 접촉을 해야 하는지를 배우게 된다. 유아기는 유아가 자기 존중성을 발달시키고 좋은 인간관계를 유지할 수 있는 능력의 기초를 쌓는 최적의 시기라 할 수 있다. 이때 또래는 영유아의 사회화 과정에서 강화자, 모델, 그리고 비교준거로서 역할을 한다. 또한 또래집단의 친구관계는 영유아에게 사회적 지식을 넓혀주고 집단 속에서 필요한 요령을 습득하게 하여 보다 넓은 사회에서 살 수 있는 자질을 길러준다. 동시에 유아의 또래관계는 유아의 사회적 · 인지적 발달에 공헌하며 정체성, 가치, 신념 등을 형성시킨다. 더불어 성역할 발달, 자아개념 형성에도 영향을 미친다는 점에서 또래집단은 유아의 사회성에 중요한 역할을 한다.

(4) 교사와의 관계

교사는 유아의 사회성 발달에 평가자, 훈육자, 모델로서 중요한 영향을 미친다. 교사가 유아의 사회성 발달에 영향을 주는 특성으로는 교사의 성, 성격 및 기대 등을 들 수 있다. 교사의 성에 있어서는 우리나라의 유아교육기관의 교사와 초등학교 교사의 대부분이 여성이므로 남아의 동성 교사의 역할모델이 어려운 실정이라 할 수 있다. 또한 교사의 성격과 유형도 유아의 사회성에 영향을 준다.

교사의 성격은 교사 유형과 관련이 있다. 레빈(Levin)은 부모양육 유형과 같이 교사의 유형을 독재형, 민주형, 자유방임형의 교사로 분류하였다. 이러한 교사의 성격 유형은 유아의 사회성에 영향을 준다. 즉, 교사가 따뜻하고 융통성 있고 부드럽게 유아를 대하면 유아는 감정을 보다 자유롭게 표현하고 활동에 적극적인 참여를 하며 독립적이 된다.

교사는 새로 유아를 맡게 되면 그들에 대한 인상이나 기대를 형성한다. 유아의 가정환경, 용모 및 행동평가 기록 등의 정보에 근거하여 형성된 교사의 유아에 대한 기대는 유아의 사회성 및 전인적 발달에 많은 영향을 준다.

(5) 매스미디어

미디어는 유아의 사회성에 영향을 미친다. 오늘날의 미디어의 종류는 다양하며 이에 따라 다양한 역할을 수행한다. 이러한 각종 미디어의 프로그램들은 유아의 삶과 사회에 관한 일관성 있는 이미지를 제공해 우리의 생활방식 및 가치관에 영향을 준다. 현대사회 속에서 유아들은 매일의 일과 중 TV, 컴퓨터, 독서물 등의 미디어를 자주 접하게 된다. 이러한 매스미디어는 유아의 사회성 발달 과정에 많은 영향을 미친다.

4) 도덕성 발달

(1) 도덕성 발달의 개념 및 중요성

인간이 조화로운 사회생활을 유지해 나가기 위해서는 일련의 규칙이나 원리가 필요한데 이러한 바람직한 사회생활로서의 법칙을 도덕성이라 부른다(서영숙, 1990). 일반적으로 도덕성이 발달한 사람들은 칭찬이나 보상을 받기 위해 규칙을 지키거나 다른 사람으로부터 처벌을 받거나 야단맞을까 봐 규칙을 지키는 것이 아니다. 또한 다른 사람이 특별히 칭찬해 주거나 야단치지 않는 경우에도 자신이 학습해 온 도덕성을 이미 내면화하고 있기 때문에 도덕적인 행동을 한다. 내면화는 외적으로 통제되던 행동이 내적 기준이나 원칙에 의해 통제되는 행동으로 변화하는 것을 의미하며, 도덕적인 원리를 내면화하는 것을 통해 도덕적인 성숙이 이루어진다(강문희 외, 2006).

유아는 사회집단에 의해서 사회화되며, 이러한 사회화를 통하여 사회규범을 받아들이게 되는데, 이러한 사회규범에 의해 자신의 행동을 통제할 수 있는 도덕성을 발달시킨다. 또한 유아기에는 초보적인 양심이 발달하기 시작한다. 유아는 부모의 가치나 기대, 태도 등을 자신의 행동지침으로 사용하기 시작하며, 이러한 자신의 행동지침을 통해 올바른 행동에 대한 가치관과 원리를 확립한다. 유아는 사회의 가치를 내면화하면서 도덕성을 발달시킨다.

(2) 도덕성 발달 이론

① 정신분석적 관점

프로이트에 의하면 남근기 이전까지는 초자아가 발달되지 않았기 때문에 유아들이 외부의 통제가 없는 한 자기가 원하는 충동들을 표출하는 경향이 있다고 보았다. 남근기가 되면 이성부모에 대한 근친상간 소망에서 유래한 오이디푸스 콤플렉스를 해결하기 위해 남아들은 아버지를 동일시하게 되고, 여아들은 엘렉트라 콤플렉스를 해결하기 위해 어머니를 동일시하면서 동성부모의 가치관이나 태도들을 받아들이게 된다. 이러한 과정에서 여아들은 남아들과는 달리 거세불안을 경험하지 않기 때문에 남아들에 비해 약한 초자아를 발달시키는 경향이 있다고 한다. 남근기 동안에 초자아가 발달하면서 유아들은 자신의 도덕적인 행동에 대해서는 자부심을 느끼고 도덕적 위반에 대해서는 죄책감과 수치심을 느끼게 된다. 이로 인해 도덕적으로 성숙한 유아들은 자존감을 유지하고 죄책감과 수치심과 같은 부정적인 정서를 피하기 위해 도덕적 규칙을 지키지 못하게 하는 유혹을 억제할 수 있다.

정신분석이론에서는 죄책감이나 자부심, 수치심과 같은 도덕적인 정서들이 도덕적 행동을 결정하는 중요한 요인이 되며, 동성부모와의 동일시를 통해 도덕적인 원리들을 내면화함으로써 도덕적 성숙에 이른다고 주장한다. 그러나 강하고 위협적인 아버지를 가진 남아들이 자상한 아버지를 가진 남아들에 비해 아버지로부터 거세불안을 더 강하게 느끼기 때문에 초자아를 더 강하게 형성한다는 것과 거세불안을 느끼지 않는 여아들은 남아에 비해 초자아가 덜 발달된다는 주장은 비판을 받고 있다(강문희 외, 2006).

② 인지발달적 관점

인지발달론자들은 유아들이 인지적으로 성숙해 가고 사회적인 경험을 쌓아가면서 규칙, 규범, 가치관, 태도와 같은 도덕성에 대해 좀 더 이해하게 된다고 주장한다. 피아제는 개인의 도덕성 발달을 연령의 증가에 따른 변화로 보았다. 피아제는 도덕적 태도와 개념이 전 도덕적 상태로부터 질적으로 다른 도덕적 성숙의 단계로 발달해 나가는 것으로 보았다. 또한 이러한 도덕성 발달은 인지발달과 동일한 양식을 취하는 유아의 인지발달에 기본을 두었다(장향희, 1983).

피아제는 유아의 도덕성 발달 수준을 크게 타율과 자율의 두 단계로 나누었다. 타율의 단계는 옳고 그름에 대한 판단을 권위자의 결정에 의존하는 단계로 자아중심주의 단계와 권위주의 단계로 이루어진다. 자아중심주의 단계는 유아가 주로 이기적인 욕망이나 신체적 습관에 의해 행동한다. 인지적인 면에서와 마찬가지로 도덕적인 면에서도 타인과 자신을 분리하지 못하며 협동심이 결여되어 있는 단계이다. 권위주의 단계에서 유아는 규칙이란 권위에 의해서 주어지는 신성불가침한 것이라 생각한다. 이 단계는 권위에 복종하는 것이 자신의 도덕적 의무라고 생각하는 시기이다. 피아제는 이 단계에서 나타나는 유아의 도덕적 판단을 내재적 정의라고 하였다.

자율의 단계는 도덕적으로 보다 성숙한 단계로, 호혜적 협동의 단계와 공정의 단계로 이루어진다. 호혜적 협동의 단계는 자율적 판단의 발달로 나타나며 타율적 판단이 중심이 되는 생활에서 자율중심으로의 과정이다. 공정의 단계에서 유아는 획일적 평등성을 맹목적으로 추구하지 않고 개개인이 처해 있는 특수한 상황과 관련을 지어 도덕적 판단을 하게 된다.

콜버그(Kohlberg)는 피아제의 이론을 보다 확장하여 도덕발달 단계와 도덕교육의 실제를 전개하였다. 콜버그는 피아제와 마찬가지로 도덕발달은 유아의 인지가 발달함에 따라 점진적으로 이루어지는 것으로 보았다. 그러나 콜버그는 도덕적 발달이 인지발달뿐 아니라 사회적 조건에 의존한다는 것을 강조하였는데, 사회적 조건, 즉 외적인 요인이 유아의 도덕적 사고를 촉진하고 보다 높은 단계로의 발달을 도울 수 있다는 확신을 가지고 도덕교육의 실제를 위한 틀을 제공하였다. 또한 콜버그는 자신의 연구대상을 유아에게만 한정시키지 않고 성인까지 확대시켜 도덕적 사고의 다른 여러 가지 측면도 고려하여 도덕성의 발달 단계를 한층 더 체계화시켰다.

콜버그는 다음과 같은 가상적 갈등 상황을 제시하고 피실험자들의 반응을 살펴 도덕성 발달 수준을 6가지로 제시하였다.

> **하인츠와 약제사 이야기**
>
> 유럽에서 한 부인이 암으로 죽어가고 있었다. 의사가 생각하기에 그 부인을 살릴 수 있을지도 모르는 한 가지 약이 있었다. 그 약은 같은 마을에 사는 약제사가 개발한 것으로 재료비가 비싸기도 하였지만 약제사는 원가의 10배나 더 비싸게 그 약을 팔았다. 암에 걸린 부인의 남편인 하인츠는 그 약을 사려고 이 사람, 저 사람에게 돈을 꾸었지만 약값의 절반에도 미치지 못하였다. 그래서 하인츠는 약제사에게 가서 자신의 아내가 죽어가고 있는데, 자신이 현재 돈이 모자라 그 약을 조금 싸게 팔거나 모자라는 액수는 나중에 갚겠다며 간절하게 부탁을 하였다. 그러나 약제사는 그 약으로 돈을 벌 생각이라면서 끝내 하인츠의 부탁을 거절하였다. 이에 절망한 하인츠는 그 약을 훔치기 위해 약방의 문을 부수고 들어갔다.

콜버그가 제시한 인간이 도덕적으로 완성되어 가는 도덕성 발달 과정인 3수준 6단계는 다음과 같다.

㉠ 인습 이전 수준의 도덕성

유아는 도덕적 규칙이나 선악의 개념은 알고 있으나 이 개념을 행위의 쾌락적 결과, 도덕적 규칙을 강요하는 사람의 힘이나 권력과 관련해서 해석한다. 인습 이전 수준의 도덕성은 다음의 두 단계로 나누어진다.

- 1단계 : 벌과 복종에 의한 도덕성으로 아주 단순한 신체적 · 물리적 힘이 복종이나 도덕적 판단의 기준이 된다. 1단계에서의 행동은 권력을 가진 자로부터 신체적인 벌을 피하기 위한 것이다. 벌을 피하는 것이나 권력에 복종하는 것은 그 자체로서 가치를 지니게 되며, 벌이나 권력에 내재되어 있는 도덕적 원리는 중요한 것이 아니다.
- 2단계 : 욕구충족을 위한 수단으로서의 도덕성으로 2단계에서의 행위는 자신의 개인적인 욕구를 충족시키거나 자신을 가장 우선적으로 생각하는 것으로 나타난다. 인간관계는 상호교환 관계로 나타나며 공정성, 상호성, 공정한

분배 등의 개념이 나타나지만 이것은 반드시 물질적 · 실용적인 관점에서만 해석이 가능하다.

㉡ 인습 수준의 도덕성

개인이 가정이나 집단이나 국가의 기대를 따르는 것이 그러한 행위의 결과와는 상관없이 그 자체로서 가치를 지닌다. 단순한 자기 자신에 대한 기대나 사회의 질서에 동조하는 것만으로 그치는 것이 아니라 충실하게 따르려고 하며 그 질서를 적극적으로 유지하고 정당화하며, 나아가서는 그 질서에 관련된 개인이나 집단과 동일시한다. 인습 수준의 도덕성은 다음의 두 단계로 나누어진다.

- 3단계 : 대인관계의 조화를 위한 도덕성으로 사회적 조화가 핵심이 된다. 다른 사람을 기쁘게 해주고 도와주는 행위가 도덕적으로 올바른 행위이다. 도덕적 판단은 자기 주변의 몇몇 사람들의 공통적인 생각에 기초를 두고 있다. 즉, 그들이 옳다고 보는 것이 무엇이나 옳은 것이다. 이 단계의 도덕적 사고는 고정된 관습에 엄격하게 얽매어 있기 때문에 융통성이 없고 경직되어 있다.
- 4단계 : 법과 질서를 준수하는 도덕성으로 질서나 법을 알게 된다. 딜레마를 해결하기 위해서 사회적 인습이나 다수의 의견 등으로 문제에 대한 행위를 결정하는 것보다 오히려 형법이나 민법 등 법률이 보다 안전하고 포괄적인 체계가 된다는 것을 안다. 이 단계에서 개인은 법이나 질서에 따라서 도덕적 판단을 하게 된다.

㉢ 인습 이후 수준의 도덕성

보편적 도덕원리에 따른 행위가 도덕적인 행위가 되며 모든 상황적인 문제나 동기, 일반원리 등이 포괄적으로 동시에 고려된다. 인습 이후 수준의 도덕성은 다음의 두 단계로 나누어진다.

- 5단계 : 사회계약 정신으로서의 도덕성으로 자유롭고 평등한 개인 간의 일치인 계약과 자유로움을 기초로 한 도덕성의 단계로 개인의 가치 상대성을 인정하면서 동시에 합의에 도달하는 방법상의 원리도 강조한다. 법은 상호의

동의와 계약에 의거한 자유로운 것이며 대다수의 의지를 표시하고 대다수의 행복을 최대로 해야 한다는 공리주의적 색채를 가지고 있다.

- 6단계 : 보편적 도덕원리에 대한 확신으로서의 도덕성으로 올바른 행위란 스스로 선택한 도덕원리라는 논리적으로 포괄적 · 추상적인 윤리이다. 보편적인 도덕원리라는 것은 인간원리의 호혜성과 동등성, 개인으로서의 인간존재의 존엄성에 대한 존중을 말한다.

1단계와 2단계의 도덕성은 상당히 주관적인 잣대로 판단된다. 자신보다 권위 있는 사람으로부터 벌이나 책망을 피하기 위해 복종하는 수준이다. 즉, 유아는 부모나 선생님이 정해놓은 규칙에 어긋나는 것이 비도덕적이며 잘못하는 것이라고 판단한다. 따라서 친구가 놀이규칙을 어기면 선생님께 일러바쳐 벌을 받는 것이 마땅하다고 여기는 시기이다. 이후 유소년기가 되면서 자신의 욕구 충족이 도덕적 판단의 기준이 된다. 선생님께 일러바치는 것보다 반 친구들과 잘 지내기 위해 침묵을 지키는 것이 더 낫다고 판단한다(정지은 외, 2009).

콜버그가 제시한 각 단계들은 어떤 도덕적인 결정을 합리화하고 정당화하기 위해 사용되는 사고체계들로 정의된다. 각 단계에서 높은 단계로 발달해 갈수록 그 사고체계는 이전의 단계보다 더 광범위하게 볼 수 있게 되며 더 복잡하고 추상적인 사고를 할 수 있다. 즉, 도덕성이 발달해 감에 따라 개인적인 감정이입이 포함되고 사회문제를 일반원리에 근거해서 해결할 수 있게 되는 것이다.

|그림 5-8| 도덕성의 요소

출처 : EBS(2008). EBS 다큐프라임. 아이의 사생활. 2부 도덕성.

※ 다음 문제를 읽고 맞으면 ○, 틀리면 ×로 답하시오.

1. ( ) 유아기는 신체발달과 대근육 발달로 오리기, 그리기, 젓가락질하기 등과 같은 대근육 운동기능이 나타난다. 특히 5세경이 되면 가위로 대부분의 모양을 선을 따라 자를 수 있다.
2. ( ) 유아기의 자조기술은 대소변 가리기, 밥 먹기, 옷 입기 등 스스로 신변처리를 할 수 있는 기술을 말한다.
3. ( ) 자기중심적 사고는 한 특정 사건으로부터 다른 특정 사건을 추론하는 것으로, 어떤 두 가지 현상이 시간적으로 근접해서 발생하면 두 현상 간에 아무런 관계가 없는데도 유아는 인과관계가 있는 것으로 생각한다.
4. ( ) 3세경에는 문법적 규칙에 관해 알게 되며, 부정문에 대한 개념을 갖게 되어 부정적 의미의 문장을 많이 사용한다.
5. ( ) 유아기의 친사회적 행동은 긍정적인 사회적 행동으로 돕기, 나누기 등 사람들 사이의 우호적인 관계를 촉진하거나 유지시키는 행동으로, 친사회적 행동의 증가는 유아의 인지발달과 더불어 사회적 관계 형성의 결과이다.
6. ( ) 콜버그가 제시한 도덕성 발달 1단계는 대인관계의 조화를 위한 도덕성으로 권력을 가진 자로부터의 신체적 벌을 피하는 것이 도덕적 판단의 기준이며, 법과 질서에 따른 도덕적 판단을 한다.

Chapter 06

영유아발달과 생태환경

1. 가정환경
2. 유아교육기관
3. 미디어

Chapter 06

영유아발달과 생태환경

1. 가정환경

부모와 조부모, 형제자매와 같은 가정환경은 영유아의 성장 발달에서 중요한 역할을 한다. 이 장에서는 부모의 양육행동, 아버지의 양육참여, 조부모, 형제자매의 영향과 다양한 가정의 형태가 영유아의 성장 발달에 미치는 영향을 살펴보고자 한다.

1) 부모의 양육행동

부모의 양육행동은 개인의 성격 형성에 가장 큰 영향을 미치는 요인 가운데 하나이다. 부모의 양육행동은 수용, 애정, 통제, 양육, 온정, 허용 등과 같은 여러 다른 영역으로 기술될 수 있으며, 어떠한 양육방식이 가장 효과적인가는 문화에 따라, 가족의 특성에 따라 그리고 시대에 따라 상이하다(정옥분, 2004). 여기에서는 가장 보편적으로 관심을 받고 있는 바움린드(Baumrind, 1991)의 양육유형 분류를 살펴보도록 하겠다.

바움린드는 부모의 자녀양육 방식과 아동의 사회적 능력 간 관계를 연구하면서 부모와 자녀의 상호작용을 관찰하여 관련 자료를 수집했고, 수집된 자료를 토대로 애정과 통제라는 두 가지 요인에 따라 부모의 자녀양육 유형을 나누었다(그림 6-1 참조).

|그림 6-1| 바움린드의 자녀양육 유형

(1) 허용적 부모

허용적 부모는 자녀를 인격체로 대해야 한다는 믿음으로 자녀의 자율성을 대폭 지지한다. 그래서 양육태도가 매우 온정적이고, 비지배적이며 자녀에게 벌을 주는 경우가 거의 없다. 부모가 정하는 규칙이나 규율 없이 자녀가 원하는 대로 할 수 있도록 의사결정권을 주기도 한다.

허용적 부모의 자녀는 모든 것이 자기 뜻대로 이루어질 것을 기대하며 자아통제력이 낮고, 자기중심적, 충동적, 지배적인 행동을 하기 때문에 매우 미숙하고 사회적 책임감도 낮다.

(2) 권위적 부모

가장 바람직한 양육 유형이다. 부모는 영유아의 자율성을 격려하지만 일정한 범위와 기준을 가지고 영유아의 행동을 통제한다. 필요할 경우 엄격하게 통제하지만 애정을 기반하고 있어 자녀에 대한 사랑과 지지를 지속적으로 보내고, 자녀의 의견이나 생각에도 귀를 기울인다. 또한 자녀의 개별성을 존중하고, 긍정적인 피드백과 격려를 보내며, 자녀에게 가족의 의사결정에 참여하도록 한다.

권위적 부모의 자녀는 자신이 부모로부터 사랑받고 있음을 알고 쾌활하고 열정적이며 자신감과 자아통제력이 있다. 그리고 자기신뢰감이 높아 새로운 과제를 빨리 숙달하고, 긍정적인 자기 효능감을 발달시킨다.

(3) 무관심한 부모

자녀양육에 관심도 적고, 애정도 부족하다. 자녀의 요구를 무시하거나 거부하고, 영유아의 결정이나 생각에 무심하다. 일관성 없는 태도를 보이고, 부모역할을 수행하지 않을 때도 많다. 부모 자신이 정서적 우울감을 가지고 있거나 스트레스가 높아 자녀를 학대하는 경향도 나타난다.

무관심한 부모의 자녀는 자존감이 낮고, 자아통제력이나 자기조절 능력이 매우 떨어진다. 학업능력과 사회적 능력도 낮으며 반사회적 행동으로 비행을 저지를 가능성이 높다.

(4) 권위주의적 부모

권위적 부모와는 달리 자녀에게 일방적으로 지시하고 따르도록 하는 복종에 가치를 두기 때문에 부모가 정한 규칙과 규율에 대한 설명 없이 절대적으로 지킬 것을 요구한다. 부모-자녀 간 상호작용보다는 일방적인 의사소통이 이루어지며 부모는 자녀가 자신과 다른 의견이나 신념을 가질 수 없다고 생각한다.

권위주의적 부모의 자녀는 또래와 상호작용할 때 매우 불안해하고 안정적이지 못하며 주도권을 갖지 못한다. 또한 타인에 대한 배려가 부족하고, 사회적 관계에서 불안감을 나타내며, 위축행동을 보이다가 좌절당할 때는 오히려 공격성향을 보인다.

부모가 자녀양육을 어떻게 하느냐에 따라 영유아는 매우 다른 모습으로 성장하게 된다. 그 결과를 〈표 6-1〉에서 살펴보고, 바람직한 자녀양육 행동을 적극 지지해야 할 것이다.

〈표 6-1〉 부모의 양육태도 유형이 아동의 발달과 청소년기 적응에 미치는 영향

부모의 양육태도 유형	결 과	
	아동기	청소년기
권위적 부모	• 생기 있고 행복하게 지냄 • 자존감이 높고, 자기통제를 잘함 • 성유형화가 덜 고정적임	• 자존감이 높음 • 사회적 · 도덕적으로 성숙함 • 학업성취와 교육 수준이 높음
권위주의적 부모	• 불안하고 철회적이며, 불안정한 기분 상태 • 욕구좌절 시 적대적 태도 보임	• 권위 있는 부모의 자녀에 비해 적응력 떨어짐 • 허용적이거나 방임적인 부모아 자녀들에 비해 학업성취는 높음
허용적 부모	• 충동적이고 반항적임 • 성인에게 요구가 많고 의존적임 • 과제완수력이 떨어짐	• 자기통제가 부족하고 학업성취가 저조 • 빈번한 약물 사용
무관심한 부모	• 애착, 인지, 놀이 및 사회 · 정서적 기술 결함 • 공격적이고 행동이 먼저 앞섬	• 정서적 자기조절과 학업수행의 부진 • 빈번한 약물 사용과 비행을 범함

출처 : Berk(2000), 강문희 외(2012). 아동발달론 재인용.

2) 아버지의 양육참여

아버지의 역할을 시대적으로 살펴보면 1940년대 이전은 경제적 의무를 다하는 사람으로의 아버지, 1940년대 중반부터 1970년대 중반은 성역할 모델로서의 아버지, 1970년대 중반 이후는 양육적인 아버지 형태로 아버지 역할이 변천해 왔다. 예를 들어, 아버지가 자녀들의 모임에 참석하거나 병원, 유치원, 학교에 데리고 가거나 데리고 오기, 자녀의 선생님을 방문하거나 학부모회의에 참석하기, 자

녀 방을 청소하거나 잠자리를 보살펴 주기, 자녀의 옷이나 필요한 물건 사다 주기, 자녀와 외출하기, 자녀의 건강 보살펴 주기 등이 아버지의 양육참여에 포함된다(Baruch & Barnett, 1986).

최근에는 아버지 양육참여를 자녀를 양육하는 과정에서 자녀와 아버지 자신에게 직간접적으로 보이는 활동인 놀이 · 문화지원, 사회 · 정서지원, 교육지원, 공동양육만이 아니라 자녀 양육이 아버지 자신의 자기성장에 도움이 된다는 측면에서 정의하기도 한다(이미현, 2014). 다시 말해서 아버지의 양육참여는 어머니의 양육을 지지하고 지원하는 보조적 관점에서 자녀의 일상적 생활을 지원해 주는 측면이 추가되고 자녀의 발달 및 생활 전반을 지원하는 측면 그리고 어머니와 공동양육자로서의 책임이나 의무, 자녀양육을 통해 아버지 자신의 자기성장 측면까지 아버지 양육참여의 개념으로 확장되었다(최광옥, 2016).

아버지의 자녀양육 참여와 자녀와의 관계를 분석한 연구(안수미 · 이기영 · 이승미, 2013)들은 아버지의 양육행동이 어머니의 양육행동과 다르며 어머니와는 다른 아버지의 역할이 자녀에게 직접적인 영향을 미친다고 보고하고 있다. 아버지의 양육참여는 자녀의 일생을 통해 동일하게 나타나지 않고 발달 단계에 따라 변화되어 나타난다. 그중에서도 3세부터 5세를 말하는 유아기는 모든 발달이 가장 민감하게 이루어지는 시기로 일생 중 지능, 호기심, 창조력이 가장 빨리 발달하고 왕성한 시기이므로(최혜순, 2011), 유아에게 의미 있는 성인들의 양육적 관심과 적절한 교육적 배려가 필요하다. 특히 자기 신체에만 머무르던 관심이 자기 신체를 떠나서 주위 사람들로 확대되는 시기인 유아기에는 아버지의 존재가 중요하다(이미현, 2014). 아버지를 중심으로 형성되는 유아기의 경험은 유아의 기본적인 인격형성에 많은 영향을 미치며 이후의 성장 발달에도 중요하다. 유아기는 인간발달의 과정 중 가장 역동적이고 급속한 발달을 하는 시기로 인간발달의 기초적 · 결정적 시기이며 이 시기에 발달하는 영유아의 언어, 인지, 사회 · 정서, 신체적 발달은 인간의 계속적인 발달과정과 이후의 성장 발달에 결정적인 의미를 갖는다(정옥분, 2004).

사회 · 문화적 변화로 인하여 아버지는 더 이상 가정에 경제적 도움만을 제공해 주는 존재가 아니라 가족 구성원으로서 책임과 의무와 더불어 자녀의 건강한 심신의 발달을 위한 역할이 요청되고 있다.

3) 조부모

우리나라 기혼 여성의 고용률은 2009년 48.8%에서 2014년 54.2%, 2019년 57.6%로 꾸준히 증가하고 있는 추세이다(유진성, 2021). 이로 인해 조부모에 의한 양육이 많은 비중을 차지하게 되었다. 이는 기혼 취업 여성들은 가정과 직업상의 이중역할로 어려움이 있고, 일부는 자녀를 믿고 맡길 수 있는 기관의 부족으로 인해 조부모에게 자녀양육을 맡기는 경우가 많기 때문이다(안선영, 1987; 황인향, 1993). 보육기관이 아닌 조부모, 아이돌보미, 민간육아도우미 등 개인으로부터 양육지원 서비스를 받는 형태 중 73.1%는 조부모가 양육하고 있었다(김은설 외, 2021). 조부모는 손자녀가 평균 7.8개월일 때 양육을 시작하였으며, 영아기에서 유아기에 접어들 때까지 2년 정도 양육하고 있었다. 이는 우리나라 여성의 평균 육아 휴직 기간이 8.9개월임을 고려할 때(고용노동부, 2024), 조모가 딸이나 며느리의 육아 휴직이 끝난 시점부터 손자녀 양육을 시작하고 있음을 알 수 있다.

과거 우리나라에서 조부모의 역할은 더 비중 있는 모습이었다. 조부모는 손자녀들에게 식사예절, 인사, 웃어른에 대한 예절을 자연스럽게 전수하는 교육자, 대리모의 역할, 훈육 및 지식의 제공자로서 역할을 수행하였다(유안진, 1988). 이러한 역할이 현대사회에 와서는 부분적으로 변화되었으나 여전히 중요한 역할(김종숙, 2002)을 하고 있다. 조부모는 축적된 지혜와 경륜으로 손자녀들에게 안정감 있는 양육을 할 수 있다(박희숙, 2012)고 보고되고 있으며, 영유아기 손자녀의 발달 영역에 중요한 영향력을 미치게 된다(박성희, 2013; 조계표, 2014; 홍순영, 2015).

4) 형제자매

형제자매는 영유아발달에 영향을 미치는 중요한 인물이다. 출생 후 6개월이 되면 영아는 손위 형제와 더 많은 상호작용을 하려는 시도를 한다. 생후 1년경에는 어머니와 보내는 정도의 시간을 손위 형제와 보내게 되며, 유아기에는 어머니와 보내는 시간보다도 많은 시간을 형제와 보내게 된다. 형제관계는 대인관계 가운데 가장 오래 지속되는 관계이며, 부모가 사망한 훨씬 이후까지 지속된다. 또한 단순히 상호작용의 양뿐만 아니라, 다른 관계에서 나타나지 않는 강도와 독특성이 있다(정옥분, 2004).

출생순위도 성격형성에 영향을 미친다. 자녀는 부모를 중심으로 하여 일종의 경쟁관계를 형성하고 있으며, 출생순위는 이들의 심리적 위치를 이해하는 데 중요하다. 최근 외동이 가정이 점차 증가하고 있으나, 형제가 있는 가정에서 이들 간의 관계는 서로에게 큰 영향을 미친다.

5) 다양한 가정의 형태

(1) 맞벌이 가정

맞벌이 부부는 사회활동을 통해 심리사회적 보상과 함께 경제적 복지감과 자아실현의 기회 획득 등과 같은 이로운 점을 가진다(김진정, 2004). 아버지와 자녀 간에 보다 긴밀한 관계를 유지할 수 있으며, 남편과 아내가 일과 가족 역할 모두에서 직분을 다하고 성숙해질 가능성이 높다.

맞벌이 부부의 단점은 시간과 에너지 부족, 일과 가족 역할 간의 갈등, 자녀양육 문제 등이다. 최근에 와서 자녀양육 문제로 직장을 그만두는 여성은 별로 없지만 아이를 돌봐줄 사람을 찾지 못하면 아이가 초등학교에 입학할 때까지 잠시 직장을 쉬기도 한다. 어머니의 취업이 영유아발달에 부정적인 영향을 미친다는 증거는 없다(Hoffman, 1989; Moen, 1992). 자녀와 함께 보내는 시간의 양보다는 어머니와 자녀가 어떻게 시간을 보내느냐 하는 것이 더 중요하다. 사실 취업모의 자녀들은, 특히 딸의 경우, 어머니를 역할모델로 삼을 수 있고 더 독립적이고, 높은 교육적 · 직업적 목표를 세우고, 남자와 여자의 역할에 대해 고정관념을 적게 가진다(Hoffman, 1989).

대부분의 맞벌이 부부들은 주말에 더 많은 시간을 자녀들과 함께함으로써 부모-자녀 간의 상호작용을 보완할 수 있다(Nock & Kingston, 1988). 비록 바쁘고 스트레스를 받기는 하지만 자녀의 발달에 손상을 주지 않고 일하는 즐거움을 누릴 수 있다.

맞벌이 가정의 행복과 성공은 남편이 아내가 직업을 갖는 것에 대한 태도와 크게 관련이 있다. 아내의 직업을 인정하고, 집안일을 분담하며, 자녀양육에 도움이 되고, 정서적 지원을 해주면 맞벌이 가정의 많은 문제가 극복될 수 있을 것이다.

(2) 이혼가정

부모의 이혼은 영유아에게 여러 가지 부정적 정서를 경험하게 한다. 이혼 후 함께 살기로 한 부모의 성과 자녀의 성이 부모의 이혼에 반응하는 주요한 요인이 된다. 주로 부모의 이혼 후 어머니와 함께 사는 경우가 많으므로, 특히 남아의 경우 남성모델의 부재로 고통을 당한다. 결과적으로 학교에서는 적응을 잘 하지 못하고, 비행을 저지른다(Hetherington, Anderson, & Haban, 1991). 여아의 경우 어머니의 존재와 지원 때문에 부모의 이혼에 적응을 잘 하는 편이지만 항상 그런 것은 아니다. 어머니와 갈등이 있는 경우 학교에서는 공부를 잘하지 못하고(McCombs & Forehand, 1989), 남아보다 부모의 이혼 후 훨씬 더 오랫동안 분노를 경험한다. 이 분노는 주로 아버지를 향한 분노이다. 흥미로운 사실은 아들, 딸 모두 어머니가 이혼을 청구한 경우라도 어머니보다 아버지를 더 많이 원망한다는 것이다. 아버지에 대한 분노는 딸의 경우 특히 더 심하다(Kaufmann, 1987).

부모 자신의 이혼에 대한 반응 또한 주요한 요인이 된다(Forehand, Thomas, Wierson, Brody, & Fauber, 1990). 이혼은 부모 자신의 자아존중감과 자아가치감에 손상을 입힌다. 많은 사람들이 이혼을 단지 부부관계에서의 실패로 보지 않고 인생 전반에서의 실패로 보기 때문에 이혼 후에 우울증에 빠져든다. 그리고 부모 스스로가 자신의 문제에 빠져 있는 상태이기 때문에, 부모의 이혼에 적응하려고 애쓰는 자녀의 욕구에 제대로 반응을 하지 못한다. 따라서 이혼 직후에는 부모역할을 제대로 하지 못하게 된다. 그러나 2~3년이 지나면 부모와 자녀는 정서적 안정을 되찾게 된다.

우리나라의 아동과 청소년을 대상으로 하여 부모의 이혼에 따른 자녀들의 적응을 알아본 연구(정현숙, 1993)에 따르면, 이혼 이후 기간이 길수록, 스스로 다양한 문제해결 방식을 많이 이용할수록, 양육부모의 재혼 여부나 성에 관계없이 친권부모와 긍정적인 대화를 통한 상호작용을 많이 하고 부정적인 상호작용이 적을수록, 비친권부모와 접촉을 많이 할수록 자녀들은 부모의 이혼 후의 생활에 적응하는 것으로 나타났다.

(3) 다문화 가정

우리나라는 1990년대 이후 이주노동자와 결혼이주자로 인해서 다문화 가정이 점차 증가하는 추세를 보이고 있다. 다문화 가정 자녀는 국제결혼 가정 자녀와 외국인 근로자 자녀가 있다. 국제결혼 가정 자녀는 한국인 아버지와 외국인 어머니 사이에서 태어난 아이와 한국인 어머니와 외국인 아버지 사이에서 태어난 아이를 말하며, 외국인 근로자 가정의 아이는 외국인 근로자가 한국에서 또 다른 외국인 근로자를 만나 결혼하여 낳은 아이와 본국에서 결혼하여 형성된 가족이 국내에 이주한 가정의 아이를 말한다.

다문화 가정 자녀들이 가지는 공통적인 문제점은 학습부진과 편견과 차별로 인한 학교 부적응으로 파악할 수 있다. 다문화 가정의 자녀들은 부모의 언어, 문화, 교육방식, 문화 차이 등으로 인해 가정과 또래집단, 학교 등에서 여러 어려움을 경험하고 있으며 이들이 겪는 어려움을 살펴보면 다음과 같다(교육인적자원부, 2006).

첫째, 언어 소통에서 오는 어려움이다. 다문화 가정 자녀의 경우 어머니의 모국어 사용이 금기시되는 분위기에서 자라는 경우가 많아 한국어와 어머니의 모국어 모두가 미숙한 경우가 많다. 유아에게 있어서 언어는 지적 · 사회적 · 정서적 발달과도 깊은 관련을 맺게 된다.

둘째, 또래집단에서의 어려움이다. 또래집단은 유아들에게 매우 중요한 사회화 매개기관이며 유아는 또래와의 상호작용을 통하여 타인의 문제에 관심을 가지고, 타인을 이해하게 되면서 신체적 · 인지적 · 사회적 기술을 발달시킬 수 있는 중요한 맥락을 경험하게 된다(마송희, 1992). 그러나 또래와의 충분한 상호작용 경험을 갖지 못한 유아는 사회적 능력이 부족하여 환경에 잘 적응하지 못한다. 다문화 가정의 자녀들은 자연스럽게 대화하는 것을 두려워하고, 외모 때문에 놀림받을까 봐 걱정하며, 어머니가 한국 사람이 아니라는 것만으로도 위축감을 가져 또래와 소극적인 상호작용을 하게 된다(서 현 · 이승은, 2007).

셋째, 다문화 가정 자녀들의 학교생활에서의 어려움이다. 학교에서 다문화 가정 자녀는 또래집단으로부터 집단 따돌림을 당할 가능성이 일반 가정 자녀들보다 더 높다고 한다(보건복지부, 2005).

이처럼 다문화 가정의 어려움은 어머니 본인뿐 아니라 가족 전체의 어려움으로 이어지므로 일차적으로 많은 어려움을 경험하고 있는 다문화 가정 어머니의 자녀양육과 교육에 대한 지원이 필요함을 알 수 있다.

2. 유아교육기관

맞벌이 부부의 증가와 출산 기피, 가족형태의 변화, 경제적 위기 등의 요소로 부모가 자녀양육의 역할을 하는 것보다 경제활동을 선택하는 비율이 점차 높아지고 있다. 반면 사회적으로는 출산율이 급격히 감소하여 사회 구성원의 재생산에 비상이 걸리고 있다. 이와 맞물려 과학과 의료 기술의 발달로 노인인구는 증가하고 있다(강문희 외, 2012).

출산율을 증가시키기 위한 범정부적 노력이 진행되고 있고, 출산 이후 양육을 유아교육기관에서 맡아주기 때문에 영아뿐 아니라 유아나 아동도 부모가 직접 양육을 선택하기보다는 대리 양육자나 교육기관을 선호하게 만드는 사회구조로 점차 변화하고 있다. 따라서 사회적 양육의 양적 증가에 발맞추는 질적 대책의 필요성이 절실함을 알 수 있다.

아동의 문제행동을 줄이기 위해 보육시간을 줄여야 한다는 주장에 대해 보육시기나 시간의 영향보다 보육의 질과의 상호작용을 밝히는 것이 중요하다는 주장은 지속적으로 대두되고 있다. 이로써 보육시설의 질이 아동에게 미치는 영향에 관한 연구가 늘어나게 되었다.

교사 대 아동 비율, 반 구성 집단의 크기, 보육시설의 물리적 환경, 보육교사의 특성을 전제로 보육시설의 질이 낮을 경우 이런 시설을 이용하는 영유아는 순종, 자기통제력, 또래와의 관계에서 사회적 능력이 낮은 것으로 보고되고 있다.

그러나 가정환경이 열악한 경우 유아교육기관을 이용하는 영유아, 아동에게는 가정의 부정적 효과를 줄여주며, 질 높은 보육을 제공받을 경우에는 효과가 더욱 커서 저소득층의 영유아, 아동의 지적 능력을 증가시킬 기회가 될 수 있다.

교사와 아동 간 상호작용 행동의 질은 아동 행동발달에 중요한 변인이므로 질적으로 낮은 보육은 아동발달에 부정적인 영향을 미칠 가능성이 있다. 그러나 이보다 더 큰 영향은 가정적 위험요소가 함께 결합되었을 때 나타나며, 보육의 질이 높더라도 가정적 위험요소가 크다면 여전히 아동발달에는 부정적 영향을 미치게 된다.

영유아기에 부정적인 사회적 행동을 증가시키는 요인은 부모의 성격, 결혼 만족도, 사회적 지지, 사회계층, 직장의 조건, 아동의 기질 등이다.

1) 물리적 환경

영유아가 생의 첫 부분을 보내는 어린이집과 유치원의 질은 영유아발달에 중요한 영향을 미칠 뿐 아니라 적절한 발달을 지원하는 데 중요한 요인이 된다. 이 때의 경험이 최대한 긍정적인 효과를 가져올 수 있도록 프로그램과 환경을 높은 수준으로 구성하는 것이 중요하다. 최근 우리나라는 유아교육기관 질의 중요성을 인식하고, 유아교육 및 보육에 대한 국가적 지원에 따라 정부 주도 아래 양적 발전과 질적인 측면에서 발전을 이루기 위해 노력하고 있다(김은설 · 유해미 · 김선화, 2010). 유아교육기관의 질과 유아발달과의 관련 연구에 따르면 높은 질의 유아교육과 보육은 아동의 인지 및 사회 발달 결과에 긍정적인 영향을 미치며, 이는 학교 적응과 그 이후 사회에서의 성공 가능성을 높이고, 불필요한 사회적 비용을 줄이는 등 경제적 효과를 가진다고 보고하고 있다. 이러한 유아교육기관의 질적 수준을 높이려는 노력은 개인과 사회 모두에게 교육적 · 사회적 · 경제적 이익을 주며, 그 효용성의 측면에서도 매우 중요하다(김종훈, 2016).

2) 인적 환경

교사는 영유아의 전인적인 성장과 발달을 돕는 결정적인 역할을 하며 유아교육기관의 질적 수준을 좌우하는 중요한 요소이다. 특히 유아교육기관에 다니는 영유아가 점점 늘어나고, 연령이 하향화되며, 유아교육기관에 머무는 시간 또한 늘어나는 현대 유아교육의 추세에 따라 교사의 역할과 범위는 매우 중요하고 광범위해졌다. 따라서 교사는 영유아를 보호해 주는 양육자의 역할과 영유아의 전인적 성장과 발달을 지원하기 위한 교육자의 역할을 모두 할 수 있어야 한다.

'교육의 질은 교사의 질을 넘지 못한다'라는 말이 있다. 이는 교사가 교육의 질적 수준을 좌우하는 중요한 요인이라는 것으로 해석할 수 있다. 유아교육기관에서 교사의 영향력은 절대적이며 교사의 질에 따라 영유아의 전인발달에 많은 차이를 가질 수 있다는 것을 의미한다.

3. 미디어

현대사회를 살아가는 우리에게 미디어(media)는 중요한 의미를 가진다. 대부분 가정에서 텔레비전이나 컴퓨터, 스마트기기를 이용하고 있는데, 이러한 미디어는 생활의 편리함을 제공하기도 하지만 영유아에게 접근성이 높고, 오락성이 높아서 전인적인 발달을 도와야 하는 중요한 시기에 발달을 저해할 수 있는 요인이기도 하다. 여기에서는 미디어가 영유아의 성장 발달에 미치는 영향을 살펴보고자 한다.

1) 텔레비전

텔레비전 시청은 영유아의 발달에 신체적 측면, 인지 · 언어적 측면, 사회 · 정서적 측면에서 부정적인 영향을 준다는 연구들이 있다. 첫째, 신체적 측면에서 보면, 신체적 경험 부족 현상으로 등뼈나 신경 혹은 목에 문제를 일으키며 눈과 손의 운동을 저하시키고(최진봉, 1988), 시청 시간이 20분 정도 경과하면 거의 모든 사람의 뇌파는 무감각, 무관심, 무반응 상태에 이르게 되며(김 규, 1987) 안구를 약화시켜 독서능력을 저하시키는 원인이 되기도 한다. 또한 TV를 시청하면서 식사를 하거나 간식을 먹는 경우 잘못된 식습관뿐만 아니라 비만을 초래하기도 한다(임정모, 1993). 둘째, TV를 많이 시청하는 영유아는 뇌 발달에 필수적인 적절한 자극을 받지 못하고, 읽기능력이나 언어 이해력, 언어 유창성을 저해시키기도 한다(남명자, 1995 재인용). 셋째, 영유아의 일상생활, 학교생활, 정서생활에 큰 영향을 미치는데 이 중에서도 특히 정서생활에 많은 부정적인 영향을 미친다고 하였다(이명진, 1980). 폭력적인 내용의 TV 프로그램은 유아의 공격성을 유발하고(정미라 외, 1999 재인용) 이로 인한 사회적 관계에 영향을 미친다고 하였다.

하지만 영유아에게 텔레비전을 시청하는 올바른 습관을 가질 수 있도록 지도 한다면 발달에 긍정적인 영향을 미치게 된다. 유익한 프로그램은 영유아에게 창의적이고 정서적 학습을 하게 해준다(남명자, 1983). 즉, 유아들은 유익한 TV 시청을 통해 다양한 긍정적인 사회적 행동을 학습하게 되고 다른 사람의 기분을 이해하며 다른 아이들과 나누어 가질 줄 알게 되기도 한다(이선경, 1995). 그러기 위해서는 바른 자세로 시청하도록 지도하고, 시청시간과 프로그램을 제한하도록 하며, 부모가 함께 시청하면서 영유아가 TV 시청에 대해 올바른 습관을 기를 수 있도록 적극적으로 개입해서 도와주어야 한다.

2) 컴퓨터, 스마트폰

우리는 급격히 변화하는 교육환경과 시스템 속에서 오늘을 살고 있다. 눈이 부시도록 빠르게 발전하는 IT와 인프라가 학제 간의 융 · 복합을 통해 새로운 산업 및 수요 창출에 앞장서면서 교육 분야에 다양한 IT 기술을 접목한 융 · 복합콘텐츠 출현이 가속화되고 있다. 이미 교육 분야에 학습기기가 PC 위주에서 태블릿 PC, 스마트폰과 함께 모바일 미디어 플랫폼으로 확장됨에 따라 시간 · 장소 · 기기의 제약 없이 학습이 가능해지고 있다(최미숙, 2014). 인터넷이나 스마트기기는 우리 생활에서 필수적인 매체가 되었으며, 쇼핑이나 정보교환, 동영상 감상, 메일 등 새로운 문화를 창출하는 매개체가 되었다(이영환 · 이화숙, 2013).

영유아용 스마트폰(공기계 포함)을 보유한 가구는 응답 가구의 17.2%, 영유아가 처음 스마트폰을 보유한 시기는 평균 3.6세로 나타났다. 또한 영아기에 스마트폰 및 태블릿 PC 이용을 시작한 경우가 69.2%에 달하며, 부모의 연령대가 낮을수록 자녀의 최초 이용 시기가 빠른 것으로 나타났다. 영유아가 스마트폰이나 태블릿 PC를 이용하는 시간은 주중에는 평균 55.3분, 주말에는 평균 97.6분이었으며, 가정에서 영유아의 스마트폰 및 태블릿 PC 이용 시간을 제한하고 있는 경우 평균 44.3분 이용하고 있는 것으로 조사되었다(이정원 외, 2021). 영유아의 디지털 미디어 사용 실태를 살펴본 결과 최초 노출 시기는 12~24개월이 가장 많았으며, 59.3%의 영유아가 디지털 미디어를 이용하고 있는 것으로 나타나 연령 하향화가 급속도로 나타나고 있음을 알 수 있다(오주현 · 박용완, 2019).

컴퓨터와 스마트폰이 영유아발달에 어떠한 영향을 미치는지 살펴보면 다음과 같다.

첫째, 만족지연 능력의 발달을 방해한다. 영유아기는 만족지연 능력이 발달하는 시기로, 아이들은 스마트폰을 이용할 때 자신의 손을 통해 화면이 빠르게 움직이는 것을 보고 즉각적인 반응을 하면서 만족한다. 하지만 이러한 즉각적인 만족감이 얻어지지 않을 때 아이는 일상생활에 적응하지 못하게 된다.

둘째, 뇌 발달에 좋지 않은 영향을 준다. 출생 후 0~3세 동안은 우뇌가 최고로 발달하는 시기로, 사회 · 정서적 두뇌로서 정서나 인지조절과 같은 비언어적 기능과 밀접한 관련이 있다. 그러나 스마트폰은 반복적인 자극이 오래 지속된다면 우뇌발달의 지연을 가지고 오게 되어 정서발달이나 사회성 발달에 부정적인 영향을 미친다. 뇌의 불균형 초기에는 주의가 산만하거나 물건에 집착하는 행동, 또래보다 말이 늦는 등의 증상으로 나타난다. 하지만 계속 진행될 경우 주의력결핍 과잉행동장애(ADHD), 틱 장애, 발달장애 등으로도 이어질 수 있다(전북일보, 2014. 4. 22).

셋째, 언어발달에 부정적인 영향을 미친다. 말을 할 때나 대화를 할 때는 상대방의 눈빛이나 제스처 등을 보고 이야기를 나누어야 하지만 스마트폰은 단순한 대화상자로, 대화하는 방법을 익히지 못하게 하여 상대방의 기분을 이해하는 사회적 기술이 부족해질 수 있다. 부모가 옆에서 같이 해당 내용에 대해 말을 걸어주는 것이 바람직하다(이미정, 2013).

넷째, 사회성 부족과 건강상 문제가 발생할 수 있다. 스마트폰 사용 과정에서 발생하는 전자파는 영유아에게 매우 위험하며, 이러한 전자파의 노출로 두통, 시력저하, 백혈병, 뇌종양, 호르몬 장애 등이 나타날 수 있고, 스마트폰 사용이 증가하면 증가할수록 친구들과 관계를 맺는 시간이 줄어들고 혼자 있는 시간이 많아지게 되어 대인관계의 기술을 배우는 데 어려움을 초래하게 된다. 특히 공격성과 폭력성 등이 증가하게 되면서 건강한 정서발달과 성격 형성에 악영향을 미칠 수 있다(정아란, 2007).

영유아는 누군가에 의해 끊임없이 보살핌을 받아야 하는 존재이다. 중독 증상이 우려되어 무조건 스마트기기의 사용을 자제하기보다는 영유아에게 올바른 사용방법과 위험성에 대해서 교육을 해야 할 것이며, 이들을 양육하고 있는 부모에게도 스마트기기의 긍정적인 사용에 대한 교육이 이루어져야 할 것이다.

※ 다음 문제를 읽고 맞으면 ○, 틀리면 ×로 답하시오.

1. (   ) 바움린드는 부모의 자녀양육 유형을 애정이라는 요인에 따라 나누었다.
2. (   ) 바움린드의 자녀양육 유형 중 가장 바람직한 양육 유형은 권위적 부모이다.
3. (   ) 교사는 영유아의 전인적인 성장과 발달을 돕는 결정적인 역할을 한다.
4. (   ) 영유아를 위한 다양한 내용의 텔레비전 프로그램이나 컴퓨터, 스마트기기를 많이 접할 수 있도록 환경을 조성해 준다.
5. (   ) 영유아가 떼를 쓰거나 보챌 때는 스마트폰으로 언제, 어디서나 여러 가지 프로그램들을 접할 수 있도록 제공해 주면 좋다.

부록 1. 영유아 발달 관련 동영상 자료

1. [EBS 특별기획] 아기성장보고서(2006)

제1편. 세상을 향한 첫걸음

제2편. 아기는 과학자로 태어난다

제3편. 행복한 아이를 만드는 조건, 애착

제4편. 언어습득의 비밀

제5편. 기질

2. [EBS 다큐프라임] 아이의 사생활(2007)

제1부. 남과 여

제2부. 도덕성

제3부. 자아존중감

제4부. 다중지능

제5부. 나는 누구인가

3. [EBS 기획특집] 언어발달의 수수께끼(2011)

제1부. 아이는 어떻게 말을 배울까

제2부. 언어가 나를 바꾼다

제3부. 나도 말을 잘하고 싶다

4. [EBS 다큐프라임] 퍼펙트베이비(2013)

제1부. 태아 프로그래밍

제2부. 감정 조절 능력

제3부. 공감, 인간관계의 뿌리

제4부. 동기, 배움의 씨앗

제5부. 행복한 아이 프로젝트

5. [다큐클래식] 또 하나의 우주, 뇌(2005)

제1편. 탄생의 비밀

제2편. 뇌의 소멸

제3편. 뇌 혁명의 시작

부록 2. 문제 답안

제1장 영유아발달 이해의 기초

1. × 2. ○ 3. × 4. ○ 5. ○

제2장 영유아발달 이론

1. ② 2. ③ 3. ① 4. ① 5. ② 6. ④ 7. ② 8. ① 9. ③ 10. ③

제3장 태내발달 및 출산

1. ○ 2. × 3. ○ 4. ○ 5. ×

제4장 영아기

1. × 2. ○ 3. ○ 4. ○ 5. ○ 6. ○ 7. 통합감각 8. 지연모방

제5장 유아기

1. × 2. × 3. × 4. ○ 5. ○ 6. ×

제6장 영유아발달과 생태환경

1. × 2. ○ 3. ○ 4. × 5. ×

참고문헌

강문희 · 김매희 · 유정은(2012). 아동발달론(개정판). 경기 : 공동체.

강문희 · 정정옥(2006). 영유아발달의 이해. 서울 : 신정.

교육인적자원부(2006). 다문화가정 자녀 교육지원 대책.

김경미 · 김경희 · 김두애 · 나정심 · 배성옥 · 이은자 · 이정민 · 임옥경 · 하은미 · 홍순옥(2015). 일상생활에서 발견하는 유아발달심리. 서울 : 창지사.

김 규(1987). 텔레비전 환경론. 경기 : 나남.

김기현 · 김미애 · 김선숙 · 전은화 · 황윤숙(2014). 유아발달. 경기 : 공동체.

김미영(2013). 영아발달. 경기 : 정민사.

김영실 · 김진영 · 김소양(2014). 영유아를 위한 언어지도. 경기 : 공동체.

김은설 · 유해미 · 김선화(2010). 2010 유아교육 정책의 성과와 과제(연구보고 2010-13). 육아정책연구소.

김은설 · 최윤경 · 권미경 · 최효미 · 김나영 · 김자연 · 박은영(2021). 2021년 전국보육실태조사 - 가구조사 보고-(발간등록번호 11-1352000-000961-12). 보건복지부 · 육아정책연구소.

김종숙(2002). 현대사회의 변화와 조부모의 역할. 수원대학교논문집, 20, 1-11.

김종훈(2016). 유아교육기관 교실의 질, 교사의 교수효능감, 교수상호작용이 유아 자기조절력에 미치는 영향. 성균관대학교 대학원 박사학위논문.

김혜원(2007). 베일리 영유아 발달 검사 3판 사회-정서 발달 한국 표준화를 위한 예비연구 : 10개월~42개월을 중심으로. 이화여자대학교 대학원 석사학위논문.

남명자(1995). 어린이와 텔레비전 환경. 경기 : 나남.

마송희(1992). 유아의 사회적 수용도에 관한 연구. 중앙대학교 대학원 박사학위논문.

문혜경(2005). 유아 TV시청의 유해성에 대한 어머니의 인식과 지도실태. 아주대학교 교육대학원 석사학위논문.

박성희(2013). 학부모가 지각한 조부모의 양육참여와 부모역할 만족도. 아주대학교 교육대학원 석사학위논문.

박희숙(2012). 조손가정의 경제적 환경, 조부모의 양육태도, 교사–유아 관계가 유아의 자아존중감에 미치는 영향 : 교사–유아 관계의 조절효과를 중심으로. 유아교육학논집, 16(4), 53–70.

보건복지부(2005). 국제결혼 이주여성 실태조사 및 보건 · 복지 지원 정책방안.

서영숙(1999). 영유아보육론. 서울 : 양서원.

서 현 · 이승은(2007). 농촌지역의 국제결혼가정 자녀가 경험하는 어려움에 관한 연구. 열린유아교육연구, 12(4), 25–47.

신명희 · 서은희 · 송수지 · 김은경 · 원영실 · 노원경 · 김정민 · 강소연 · 임호용(2013). 발달심리학. 서울 : 학지사.

신옥순(1994). 유아교육학개론. 서울 : 학지사.

심성경 · 김경의 · 이효숙 · 변길희 · 박유미 · 박주희(2010). 아동발달. 서울 : 학지사.

심성경 · 백영애 · 이희자 · 이영희 · 변길희 · 김은아 · 박유미 · 박주희 · 최대훈 · 박경신(2009). 보육학개론. 경기 : 공동체.

심성경 · 송화진 · 변길희 · 김나림 · 박주희(2013). 영아발달. 경기 : 공동체.

안선영(1987). 취업주부의 가정 내 역할갈등과 관련변인 고찰. 숙명여자대학교 대학원 석사학위논문.

안수미 · 이기영 · 이승미(2013). 아버지의 자녀양육참여와 자녀양육시간. 한국가족자원경영학회지, 17(2), 93–119.

오주현 · 박용완(2019). 영유아의 스마트 미디어 사용 실태 및 부모 인식 분석. 육아정책연구, 13(3), 3–26.

우수경 · 정원주 · 박숙희 · 신혜경 · 이정미 · 김 호 · 서윤희 · 김기예(2013). 영아발달. 경기 : 공동체.

유안진(1988). 한국 전통사회의 유아교육. 서울 : 서울대학교출판부.

유진성(2021). 기혼여성의 경제활동 변화 분석과 시사점(KERI 정책제언 21-10). 한국경제연구원.

유효순(1997). 아동발달. 서울 : 한국방송통신대학교.

이명진(1980). 텔레비전의 어린이 프로가 아동의 정서생활에 미치는 영향 연구. 고려대학교 교육대학원 석사학위논문.

이미연(2014). 유아기 자녀를 둔 아버지 양육참여 척도 개발 및 타당화. 가천대학교 대학원 박사학위논문.

이미정(2013). 유아의 스마트기기 사용실태 및 유아발달에 미칠 영향에 대한 어머니의 인식. 서울교육대학교 교육대학원 석사학위논문.

이선경(1995). 유아를 위한 올바른 텔레비전 시청지도에 관한 연구. 원광대학교 교육문제연구소, 413-429.

이숙재 · 이봉선(1999). 영유아의 발달과 교육. 서울 : 창지사.

______________(2003). 영유아의 발달과 교육. 서울 : 창지사.

______________(2008). 영유아의 발달과 교육. 서울 : 창지사.

이 영 · 조연순(2000). 영 · 유아발달. 경기 : 양서원.

이유미 · 김진숙 · 박진옥 · 안지혜 · 윤은영 · 정영희 · 정진화(2014). 영아발달. 서울 : 동문사.

이정원 · 박원순 · 엄지원(2021). 영유아의 미디어 이용 적정화를 위한 정책 방안 연구(연구보고 2021-15). 육아정책연구소.

임지영 · 류혜원 · 문영경 · 배기조 · 송혜영(2014). 영아발달. 경기 : 공동체.

정아란(2007). 유아의 컴퓨터 게임 과몰입 예방교육프로그램 개발 및 적용연구. 공주대학교 대학원 박사학위논문.

정옥분(2002). 아동발달의 이해. 서울 : 학지사.

______(2003). 아동발달의 이해. 서울 : 학지사.

______(2004). 아동발달의 이해. 서울 : 학지사.

______(2005). 아동발달의 이해. 서울 : 학지사.

______(2013). 영아발달. 서울 : 학지사.

조계표(2014). 맞벌이 부부의 조부모 자녀양육의 문제점과 제언. 한국영유아보육학, 84, 283-299.

조명한(1982). 한국 아동의 언어획득 연구. 서울 : 서울대학교출판부.

조미영(2011). 다문화가정 어머니들의 영유아기 자녀양육 지원을 위한 멘토링 과정 탐색. 성신여자대학교 대학원 박사학위논문.

조복희(1999). 아동발달. 서울 : 교육과학사.

______(2009). 아동발달. 서울 : 교육과학사.

조성연 · 이정희 · 천희영 · 심미경 · 황혜정 · 나종혜(2005). 아동발달의 이해. 서울 : 신정.

______________________________________(2006). 아동발달의 이해. 서울 : 신정.

______________________________________(2009). 아동발달의 이해. 서울 : 신정.

조성윤(1992). 한국 유아의 언어습득과 그 발달 과정에 대한 고찰. 단국대학교 교육대학원 석사학위논문.

조정숙 · 김은심(2005). 유아언어교육. 서울 : 정민사.

최광옥(2016). 아버지 양육참여가 유아의 자기조절능력에 미치는 영향. 가천대학교 교육대학원 석사학위논문.

최미숙(2014). 스마트 환경에서 유아의 스마트기기 사용 및 어머니의 인식에 관한 연구. 배재대학교 한류문화산업대학원 석사학위논문.

최진봉(1988). 텔레비전이 인간에 미치는 영향-부정적인 면을 중심으로-. 사회과학논총, 제3집.

최혜선(2016). 조부모 양육참여도와 유아의 기본생활습관과의 관계. 아주대학교 교육대학원 석사학위논문.

최혜순(2011). 부모교육. 서울 : 동문사.

한국유아교육학회 편(1996). 유아교육사전. 서울 : 한국사전연구사.

현온강 외(2001). 한국아동발달의 현황. 2001년도 한국아동학회 추계학술대회 자료집, 107-136.

홍순옥 · 박순호 · 김인순(2013). 영아발달. 경기 : 양서원.

황인향(1993). 취업주부의 가족 자원과 자녀양육 스트레스에 관한 연구. 연세대학교 교육대학원 석사학위논문.

EBS제작팀(2009). 아이의 사생활. 서울 : 지식채널.

Bandura, A.(1977). *Social Learning Theory*. Englewood Cliffs. NJ : Prentice-Hall.

________(1994). Social Cognitive Theory of Mass Communication. In J. Bryant & D. Zillmann(Eds.), *Media Effects : Advances in Theory and Research*. LEA's Communication Series. Hillsdale, NJ : Erlbaum.

Baruch, G. K., & Barnett, R. C.(1986). Role Quality, Multiple Role Involvement, and Psychological Well-being in Midlife Women. *Journal of Personality and Social Psychology, 51*(3), 578.

Baumrind, D.(1991). Effective Parenting During the Early Adolescent Transition. In P. A. Cowan & E. M. Hetherington(Eds.), *Advances in Family Research* (Vol. 2). Hillsdale, New Jersey : Erlbaum.

Bell, S. M., & Ainsworth, M. D. S.(1972). Infant Crying and Maternal Responsiveness. *Child Development, 43*, 1171-1190.

Berger, K. S.(2003). *Developing Person Through Childhood and Adolescence.* NY : Worth publishers.

Berk, L. E.(1999). *Infants and Children*. Boston, MA : Allyn & Bacon.

________(2000). *Child Development*(5th ed.). Boston, MA : Allyn & Bacon.

________(2007). *Development through the Lifepan*(4th ed.). Boston, MA : Allyn & Bacon.

Bjorklund, D. F.(1995). *Children's Thinking : Developmental Function and Individual differences*(2nd ed.). Pacific Grove, CA : Brooks/Cole

Bower, T. G. R.(1979). *Human Development*. SanFrancisco : Freeman.

Bowlby, J.(1969). *Attachment and Loss : Attachment* (Vol. 1). Basic Books.

Bretherton, I.(1992). The Origins of Attachment Theory : John Bowlby and Mary

Ainsworth. *Developmental Psychology, 28*, 759–775.

Bronfenbrenner, U.(1979). *The Ecology of Human Development*. Cambridge, MA : Harvard University Press.

________________(1979). *Mind in Society : The Development of Higher Mental Processes*. Cambridge, MA : Harvard University Press.

________________(1986). Ecology of the Family as a Context for Human Development. *Developmental Psychology, 22*, 723–742.

Brown, R.(1973). *A First Language : The Early Stages.* Cambridge, MA : Harvard University Press.

Bullock, M.(1985). Animism in Childhood Thinking : *A New Look at an Old Question. Developmental Psychilogy, 21,* 217–226.

Crain, W. C.(1980). *Theories of Development* : *Concepts and Application*. Englewood Cliffs, NJ : Prentice–Hall.

Dempster, F. N.(1981). Memory Span : Sources of Individual and Developmental Differences. *Psychological Bulletin, 89,* 63–100.

Eichorn, D. H.(1979). Physical Development : Current foci of Research. In J. D. Osofsky(Ed.), *Handbook of Infant Development*. New York : Wiley.

Erikson, E. H.(1963). *Childhood and Society*. New York : Norton.

Forehand, R., Thomas, A. M., Wierson, M., Brody, G., & Fauber, R.(1990). Role of Maternal Functioning and Parenting Skills in Adolescent Functioning Following Parental Divorce. *Journal of Abnormal Psychology, 99*, 278–283.

Goldfield, B. A., & Reznick, J. S.(1990). Early Lexical Acquisition : Rate, Content, and Vocabulary Spurt. *Journal of Child Language, 17,* 171–183.

Hetherington, E. M., Anderson, E. R., & Hagan, M. S.(1991). Effects of Divorce on Adolescents. In R. M. Lerner, A. C. Petersen, & J. Brooks–Gunn(Eds.), *Encyclopedia of Adolescence*(Vol. 1). New York : Garland.

Hoff−Ginsberg, E.(1997). *Language Development.* CA : Brook/Cole.

Hoffman, L. W.(1989). Effects of Maternal Employment in Two−parent Families. *American Psychologist, 44,* 283−293.

Johnson, M. H.(1998). The Neural Basis of Cognitive Development. In D. Kuhn & R. S. Siegler(Eds.), *Handbook of Child Psychology*(Vol. 2) : *Cognition, Perception, and Language*(5th ed.), 1−49. New York : Wiley.

Kaufmann, K.(1987). Parental Separation and Divorce During the College Years. Unpublished doctoral dissertation, Harvard University.

Krauss, R. M., & Glucksberg, S.(1969). The Development of Communication : Competence as a Function of Age. *Child Development, 42,* 255−266.

Lin,C.(1993). Breech Presentation. In C. Lin, M, S. Verp, & R. E. Sabbagha(Eds.), *The High Risk Fetus : Pathophysiology, Diagnosis, Management.* NewYork : Springer−Verlag.

Lorenz, K. Z.(1952). *King Solomon's Ring.* New York : Crowell..

Machado, J. M.(1999; 2003). *Early Childhood Experience in Language arts.* NewYork : Delmar.

McCombs, A., & Forehand, R.(1989). Adolescent School Performance Following Parental Divorce : Are there Family Factors that can Enchance Success?. *Adolescence, 24*(96), 871−880.

Moen, P.(1992). *Women's Two Roles : A Contemporary Dilemma.* New York : Auburn House.

Nock, S. L., & Kingston, P. W.(1988). Time with Children : The Impact of Couples' Worktime Commitment. *Social Forces, 67,* 59−85.

Rubin, K. H., Fein, G., & Vandenberg, B.(1983). Play. In Paul H. Musse(Ed.), *Handbook of Child Psychology*(Vol. 4) : *Socialization, Personality and Social Development.* New York : Wiley.

Salkind, N. J.(1985). *Theories of Human Development*. New York : John Wiley & Sons.

Santrock, J. W.(2001). *Child Development*(9th ed.). Mcgraw–Hill.

Shaffer, D. R.(1993). *Developmental Psychology : Childhood and Adolescence*(3rd ed.). Pacific Grove, CA : Brooks/Cole.

Sroufe, L. A.(1972). Sociomotional Development. In J. D. Osofsky(Ed.), *Handbook of Infant development*(pp. 462–516). New York : Wiley.

Thomas, A., & Chess, S.(1986). The New York Longitudinal Study : Form Infancy to Early Adult Life. In. R. Plomin, & J. Dunn(Eds.), *The Study of Temperament : Changes, Continuities, and Challenges.* Hillsdale, NJ : Erlbaum.

Thompson, S. K.(1975). Gender Labels and Early Sex Role Development. *Child Development, 46*, 339–347.

Vygotsky, L. S.(1926). *Educational Psychology*. Delray Beach, FL : St. Lucie Press.

Wertsch, J. B., & Tulviste, P.(1992). L. S. Vygotsky and Contemporary Developmental Psychology. *Developmental Psychology*, *28*, 548–557.

고용노동부(2024. 2. 26). 최근 5년간 출생아 수 감소에도 일 · 육아 지원 제도 사용자는 증가추세. https://www.moel.go.kr/news/enews/report/enewsView.do?news_seq=16232

아가사랑 agasarang.org

임신육아종합포털 아이사랑 www.childcare.go.kr

전북일보(2014. 4. 22). 유아와 스마트폰.

중앙일보(2002. 3. 14).

질병관리청(2025). 2017 소아청소년성장도표 https://knhanes.kdca.go.kr/knhanes/grtcht/dwnld/dtDtl.do

찾아보기

저자소개

김경의
원광대학교 사범대학 유아교육학과 졸업
원광대학교 대학원(유아교육전공) 석사
이화여자대학교 대학원(유아교육전공) 박사과정 수료
현 군장대학교 아동심리상담과 교수

박유미
원광대학교 사범대학 유아교육학과 졸업
원광대학교 대학원(유아교육전공) 석사, 박사
현 혜전대학교 유아교육과 교수

임양금
원광대학교 사범대학 유아교육학과 졸업
원광대학교 교육대학원(유아교육전공) 석사
원광대학교 대학원(유아교육전공) 박사
현 순천제일대학교 유아교육과 교수

안진경
원광대학교 사범대학 유아교육학과 졸업
원광대학교 대학원(유아교육전공) 석사, 박사
현 군산대학교 교직과 교수

〈제2판〉

영유아발달

| 공저자 | 김경의 박유미 임양금 안진경

| 1판 1쇄 | 발행 2017년 2월 28일
| 2판 1쇄 | 발행 2025년 2월 20일

| 발행인 | 김동훈
| 발행처 | 공동체

| 주소 | 경기도 고양시 일산동구 호수로 358-39 동문타워 I 905호(백석동)
| 전화 | 031)814-3000(대표)
| 팩스 | 031)814-3100
| 홈페이지 | www.compub.co.kr
| 전자우편 | compub@naver.com
| 출판등록 | 2005년 10월 6일
| 등록번호 | 제396-2005-6호

| ISBN | 979-11-6725-886-1
정가 19,000원

memo

memo